Impressum
Verlag: BABADADA GmbH, Nedderfeld 112 , 22529 Hamburg
Geschäftsführer / Verlagsleitung: Harald Hof
Druck: Books on Demand GmbH, In de Tarpen 42, 22848 Norderstedt

Imprint
Publisher: BABADADA GmbH, Nedderfeld 112 , 22529 Hamburg, Germany
Managing Director / Publishing direction: Harald Hof
Print: Books on Demand GmbH, In de Tarpen 42, 22848 Norderstedt

སློབ་གྲྭ
koulu

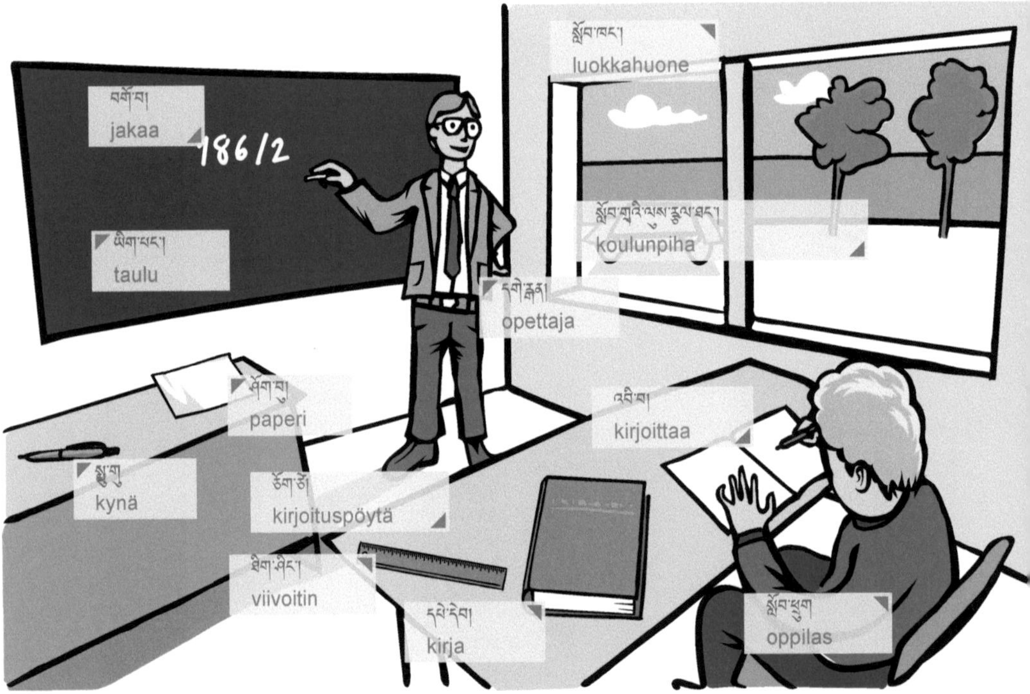

སློབ་ཁང་།
luokkahuone
བགོ་བ།
jakaa
186/2
ཡིག་པང་།
taulu
སློབ་གྲྭའི་ལུས་རྩལ་ཐང་།
koulunpiha
དགེ་རྒན།
opettaja
ཤོག་བུ།
paperi
འབྲི་བ།
kirjoittaa
སྨྱུ་གུ།
kynä
ཅོག་ཙེ།
kirjoituspöytä
ཐིག་ཤིང་།
viivoitin
དཔེ་དེབ།
kirja
སློབ་ཕྲུག
oppilas

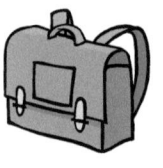

དཔེ་ཁུག

reppu

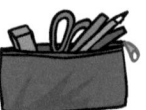

སྨྱུག་སྒམ།

penaali

ཞ་སྨྱུག

lyijykynä

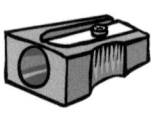

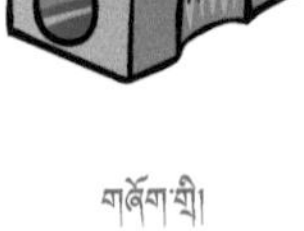

གཞོག་གྲི།

kynänteroitin

འཕྱིག་གསུབ།

pyyhekumi

འབྲི་པང་།

piirustuslehtiö

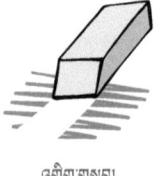

རི་མོ།

piirustus

ཚོན་པིར།

pensseli

རྩི་ཚོ།

vesivärit

ཇེམ་ཚེ།

sakset

འབྱར་སྤྱི།

liima

སྦྱོང་བརྡར་སྤྱོད་དེབ།

harjoituskirja

ནན་སྦྱོང་།

kotitehtävä

ཨང་གྲངས།

luku

སྣོན་པ།

lisätä

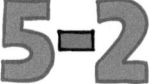

འཐེན་པ།

vähentää

སྒྱུར་བ།

kertoa

རྩིས་རྒྱག་པ།

laskea

ཡི་གེ

kirjain

ཀ་ཁ་

aakkoset

ཚིག

sana

ཡིག་གཞི།

teksti

ཀློག་པ།

lukea

ས་སྣུག

liitu

སློབ་ཚན།

oppitunti

དེབ་གཞུང་།

opettajan muistikirja

ཡིག་ཚད།

koe

ལག་ཁྱེར།

todistus

སློབ་གོས།

koulupuku

སློབ་གསོ།

koulutus

ཤེས་བྱ་ཀུན་བཏུས་དེབ་ཐེར།

sanakirja

སློབ་གྲྭ་ཆེན་མོ།

yliopisto

ཕྲ་མཐོང་ཆེ་ཤེལ།

mikroskooppi

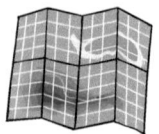

ས་ཁྲ།

kartta

གད་སྙིགས་སློད།

roskakori

matka

མགྲོན་ཁང་།
hotelli

Grand

འགྲུལ་ཁང་།
retkeilymaja

ROOMS

བརྗེ་འགྱུར་ལས་ཁངས།
rahanvaihto

ECHANGE

ལག་སྒྲམ།
matkalaukku

རྔུལས་འཁོར།
auto

སྐད་རིགས།
kieli

རེད། མ་རེད།
kyllä / ei

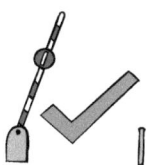

ལགས་སོ།
selvä

ཁམས་བཟང་།
hei

ཡིག་སྒྱུར་བ།
tulkki

ཐུགས་རྗེ་ཆེ།
kiitos

ག་ཚོད་རེད།

Paljonko...maksaa?

ང་གོ་མ་སོང་།

en ymmärrä

དཀའ་ངལ།

ongelma

དགོང་མོ་བདེ་ལེགས།

Hyvää iltaa!

ཞུ་རོ་བདེ་ལེགས།

Hyvää huomenta!

མཚན་མོ་བདེ་ལེགས།

Hyvää yötä!

ག་ལེར་ཕེབས།

näkemiin

ཁ་ཕྱོགས།

suunta

ཅ་ལག

matkatavarat

ལྕུག་མ།

laukku

རྒྱབ་ཁུག

reppu

མགྲོན་པོ།

vieras

ཁང་མིག

huone

ཉལ་ཁུག

makuupussi

གུར།

teltta

ཡུལ་བསྐོར་སྤྱོ་འཆམ། - matka

རྒྱལ་སྐོར་ཆ་འཕྲིན།

turisti-info

མཚོ་ཁའི་གྱུས་ཐང༌།

ranta

ཡིད་ཆེན་བྱང་བུ།

luottokortti

ཞོགས་ཟས།

aamupala

དགུང་ཚོ།

lounas

རུབ་ཚོ།

päivällinen

པ་སེ།

matkalippu

སྒྲོག་སྐས།

hissi

ཞེལ་ཙེ།

postimerkki

མཐའ་མཚམས།

raja

སྒོ་ཁྲལ།

tulli

གཞུང་ཚབ་ཆེན་མོའི་ལས་ཁུངས།

suurlähetystö

མཆན་བཀོད་ལག་ཁྱེར།

viisumi

ལག་འཁྱེར།

passi

སྐྱེལ་འདྲེན་བྱེད་པ།

kuljetus

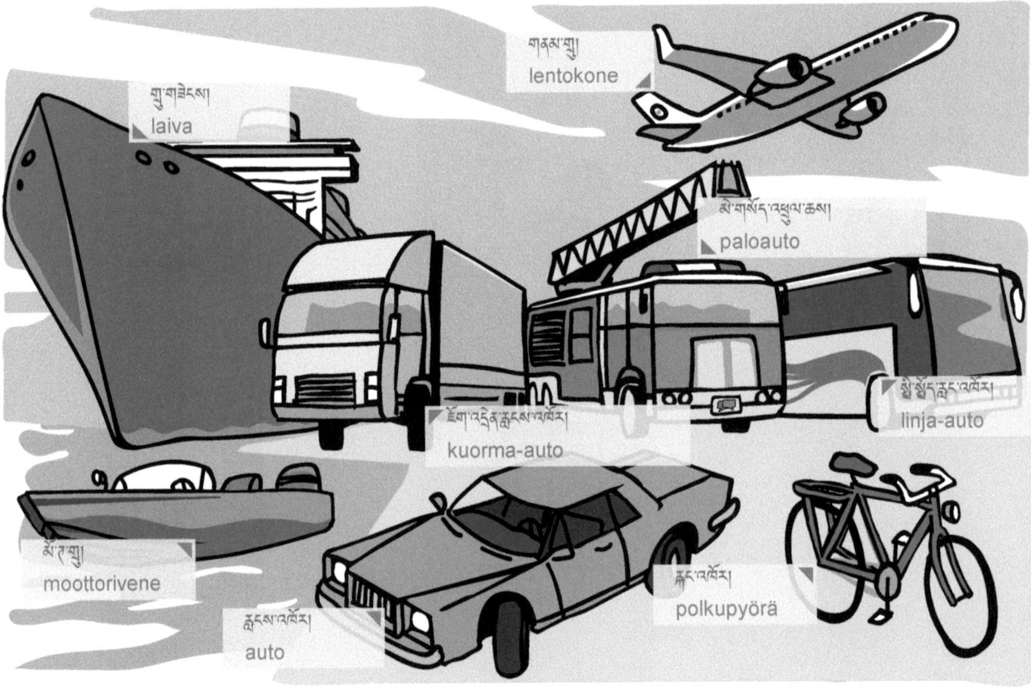

གནམ་གྲུ།
lentokone
གྲུ་གཟིངས།
laiva
མེ་གསོད་འཁྲུལ་ཆས།
paloauto
སྤྱི་སྤྱོད་རླངས་འཁོར།
linja-auto
ཇོག་འདྲེན་རླངས་འཁོར།
kuorma-auto
མོ་ཊ་གྲུ།
moottorivene
རྐང་འཁོར།
polkupyörä
རླངས་འཁོར།
auto

ཀོ་བ།

lautta

གྲུ།

vene

འཁྲུལ་རྟ།

moottoripyörä

བདེ་སྲུང་སྐུམ་འཁོར།

poliisiauto

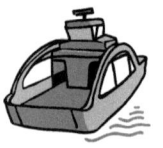

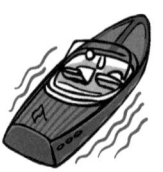

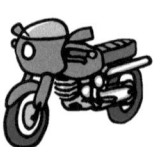

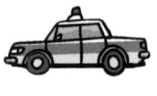

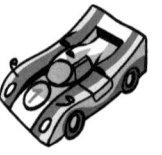

རླངས་འཁོར་འགྲན་བསྡུར།

kilpa-auto

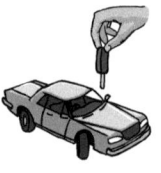

གླ་འབབ་རླངས་འཁོར།

vuokra-auto

རླངས་འཁོར་བགོ་འགྲེམས་བྱེད་པ།

car sharing

འདྲུད་འཁོར་ཆས་སྣོན།

hinausauto

འདྲུད་འཁོར།

roska-auto

མོ་ཊ།

moottori

བུད་ཤིང་།

polttoaine

རྫས་སྣུམ་ས་ཚིགས།

huoltoasema

འགྲིམ་འགྲུལ་གྱི་མཚོན་རྟགས།

liikennemerkki

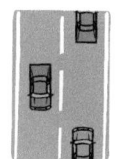

འགྲིམ་འགྲུལ།

liikenne

འགྲིམ་འགྲུལ་འགགས་པ།

ruuhka

རླངས་འཁོར་འཇོག་པ།

parkkipaikka

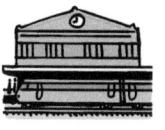

མེ་འཁོར་འབབ་ཚིགས།

rautatieasema

ལམ་ཆད།

raiteet

མེ་འཁོར།

juna

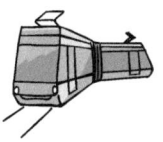

གློག་སྐུད་སྟེ་སྟོང་གི་འཁོར་ལམ།

raitiovaunu

ཤིང་རྡུ་འཁོར་ལོ།

vaunu

ཐད་འཕུར་གནམ་གྲུ།

helikopteri

གནམ་གྲུ་ས་ཚིགས།

lentokenttä

སྐྱོག་སྐྱོག་མ་ལེན་པ།

lähilennonjohto

འགྲུལ་པ།

matkustaja

སྦྱོད་ཆས།

kontti

ཤོག་སྒྲོམ།

pahvilaatikko

ཤིང་སྒྲ།

kärryt

གཟེད་མ།

kori

མཆོང་བ།

nousta / laskea

གྲོང་ཁྱེར།

kaupunki

གྲོང་བ།

kylä

གྲོང་ཁྱེར་གྱི་ལྟེ་བ།

keskusta

ཁང་པ།

talo

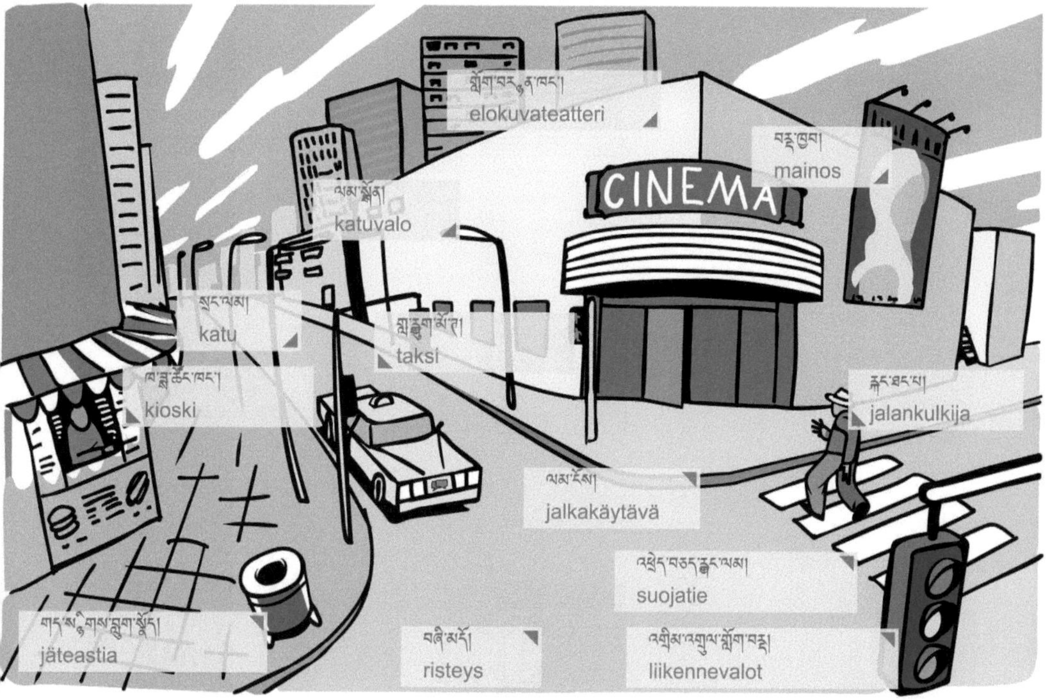

CINEMA
གློག་བརྙན་ཁང་།
elokuvateatteri
བརྡ་ཁྱབ།
mainos
ལམ་སྒྲོན།
katuvalo
སྲང་ལམ།
katu
གླ་རྒྱུག་མོ་ཊ།
taksi
ཁ་ཟས་ཚོང་ཁང་།
kioski
རྐང་ཐང་པ།
jalankulkija
ལམ་ངོས།
jalkakäytävä
འཕྲེད་བཅད་རྐང་ལམ།
suojatie
གད་སྙིགས་སྣུག་སྒྲོད།
jäteastia
བཞི་མདོ།
risteys
འགྲིམ་འགྲུལ་གློག་བརྡ།
liikennevalot

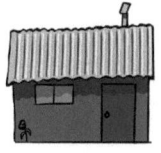

ཁང་ཆུང་།
mökki

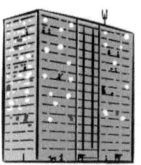

ཁང་པ།
kerrostalo

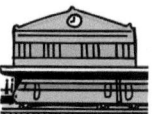

མེ་འཁོར་འབབ་སྟེགས།
rautatieasema

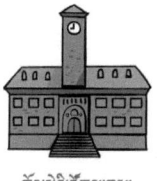

གྲོང་སྡེའི་ཚོགས་ཁང་།
kaupungintalo

MUSEUM

འགྲེམས་སྟོན་ཁང་།
museo

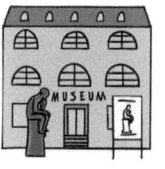

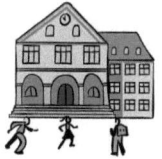

སློབ་གྲྭ།
koulu

སློབ་གྲྭ་ཆེན་མོ།

yliopisto

དངུལ་ཁང་།

pankki

སྨན་ཁང་།

sairaala

མགྲོན་ཁང་།

hotelli

སྨན་སྦྱོར་ཁང་།

apteekki

ལས་ཁངས།

toimisto

དཔེ་ཁང་།

kirjakauppa

ཚོང་ཁང་།

liike

མེ་ཏོག་ཚོང་ཁང་།

kukkakauppa

ཉོ་ཚོགས་གྲོལ་ར།

supermarketti

ཁྲོམ་ར།

tori

ཉོ་ཆེན་ཚོང་ཁང་།

tavaratalo

ཉ་ཚོང་མཁན།

kalakauppias

ཚོང་ཁང་སྤྱི་གནས།

ostoskeskus

གྲུ་ཁ།

satama

སྐྱེད་ཚལ།
puisto

རྒྱབ་ཀུག་ནར་མོ།
penkki

ཟམ་པ།
silta

ཐེམ་སྐས།
portaat

ས་འོག་གི།
metro

རི་སྣའ་ལུགས་ལམ།
tunneli

རྒྱན་འཁོར་འབབ་ཚིགས།
linja-autopysäkki

ཆང་ཁང་།
baari

ཟ་ཁང་།
ravintola

ཡིག་སྐས།
postilaatikko

ལམ་གྱི་མཚོན་རྟགས།
katukyltti

འཇོག་སྒ་རིའི་རིའི་ཡིག
parkkimittari

གཅན་གཟིག་ཁང་།
eläintarha

རྒྱལ་རྫིང་།
uimala

ཁ་ཆེའི་ལྷ་ཁང་།
moskeija

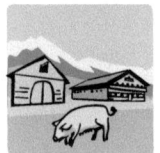

ཞིང་ར།

maatila

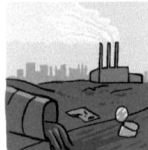

འབགས་བཙོག

ympäristön saastuminen

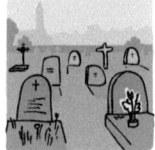

དུར་ས།

hautausmaa

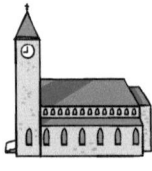

ལྷ་ཁང་།

kirkko

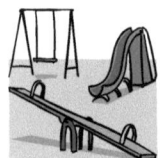

རྩེད་ཐང་།

leikkikenttä

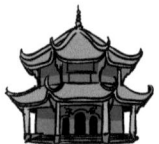

ལྷ་ཁང་།

temppeli

ཡུལ་ལྗོངས།

maisema

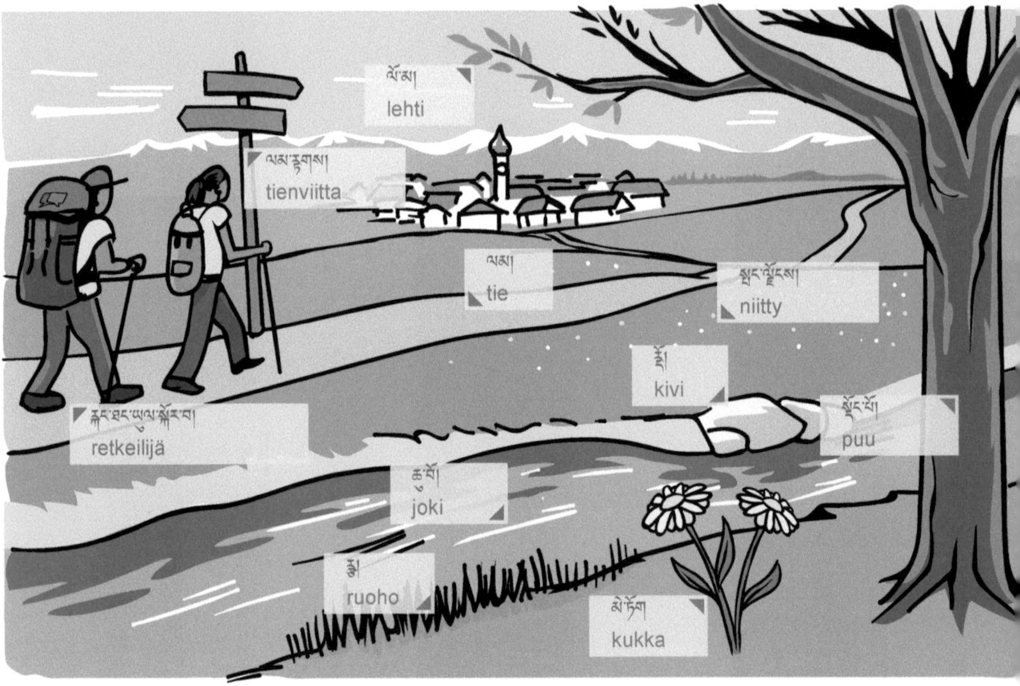
ལོ་མ།
lehti
ལམ་རྟགས།
tienviitta
ལམ།
tie
སྤང་ལྗོངས།
niitty
རྡོ།
kivi
སྡོང་པོ།
puu
རྐང་ཐང་ཡུལ་སྐོར་བ།
retkeilijä
ཆུ་བོ།
joki
རྩྭ།
ruoho
མེ་ཏོག
kukka

ཀླུང༌།

laakso

རི་བོ།

vuori

མཚོ།

järvi

ནགས་ཚལ།

metsä

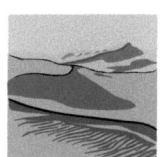

བྱེ་ཐང་

aavikko

མེ་རི།

tulivuori

ཕ་བྲང༌།

linna

འཇའ་ཚོན།

sateenkaari

ཤ་མོ།

sieni

ཏ་ལའི་ཤིང༌།

palmu

དུག་སྦྲང༌།

hyttynen

སྦྲང་བུ།

kärpänen

གྲོག་མ།

muurahainen

བུང་སྦྲང༌།

mehiläinen

སྦོམ།

hämähäkki

སྦུར་ནག
kovakuoriainen

སྦལ་པ།
sammakko

ཕྲང་མི།
orava

རྐ་མོ།
siili

རི་བོང་།
jänis

འུག་པ།
pöllö

བྱ།
lintu

ངང་དཀར།
joutsen

ཕོ་ཐག
villisika

ཤ་བ།
peura

རུ་མོང་ཤུ་བ།
hirvi

ཆུ་རགས།
pato

རླུང་གི་འཁྲུལ་ཆས།
tuulimylly

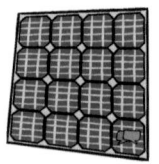

ཉི་མའི་བཞུགས་མོལ་ཆོགས་ཆུང་།
aurinkopaneeli

ནམ་ཟླ།
ilmasto

ཞབས་ཞུ་བ།
tarjoilija

ཚོད་ཐོ།
ruokalista

ཀུབ་ཆོག
tuoli

ཐང་།
keitto

པི་ཙ།
pitsa

སྐྱོག་རས།
pöytäliina

གྲི་ཐིགས།
ruokailuvälineet

ཟ་མ་དང་པོ།
alkuruoka

གཙོ་བོ་ཆ་ཤས།
pääruoka

 མངར་ཟས།
jälkiruoka

འཐུང་བ།
juomat

ཁ་ལག
ruoka

ཤེལ་དམ།
pullo

མ་གྲུབ་གས་ཟས།

pikaruoka

སྲང་གི་ཟས་ཞིམ།

katuruoka

ཇ་ལྷག

teekannu

སྦང་ཕོར།

sokeriastia

དུམ་བུ།

annos

ཚིག་ཇ་འཕུལ་ཆས།

espressokeitin

ནུར་མོ་བྱུ་སྟེགས།

syöttötuoli

ཕོ་ཡིག

lasku

ཞིང་སྟོལ།

tarjotin

ཟ་གྲི།

veitsi

ཟས་ཚོད།

haarukka

ཞེམ་བུ།

lusikka

ཕྲ་མ།

teelusikka

ལག་རས།

servietti

ཤེལ་ཕོར།

lasi

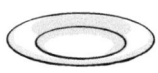

སྡེར་མ།

lautanen

ཟད་ཕོར།

syvä lautanen

སྡེར་དཔྱིབས།

aluslautanen

སྦོད་རྫས།

kastike

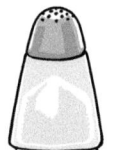

ཚྭ་ཤོག

suolasirotin

གཡེར་མ་འཐག་འཕྲོ།

pippurimylly

ཚོ་བ།

etikka

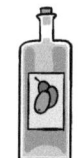

སྣུམ།

öljy

སྣ་ཚོགས།

mausteet

ཞེ་ཚ་ལུག

ketsuppi

ཨེ་ཞེ།

sinappi

སྤོང་ཤེར་ཚད།

majoneesi

སྣ་ཚོགས་ཁྲོམ་ར།

supermarketti

དམིགས་བསལ་གྱི་རིན་གོང་།
tarjous
FOR
མགོ་མཁན།
asiakas
ཨོ་རྫས།
maitotuotteet
ཤིང་ཏོག
hedelmät
འདྲུད་འཐེན་འཁོར་ལོ
ostoskärryt

BUTCHERS

བཤས་ཚོང་།

teurastamo

BAKERY

བག་ལེབ་ལས་མཁན།

leipomo

ལྗིད་ཚད་འཇོགས་པ།

punnita

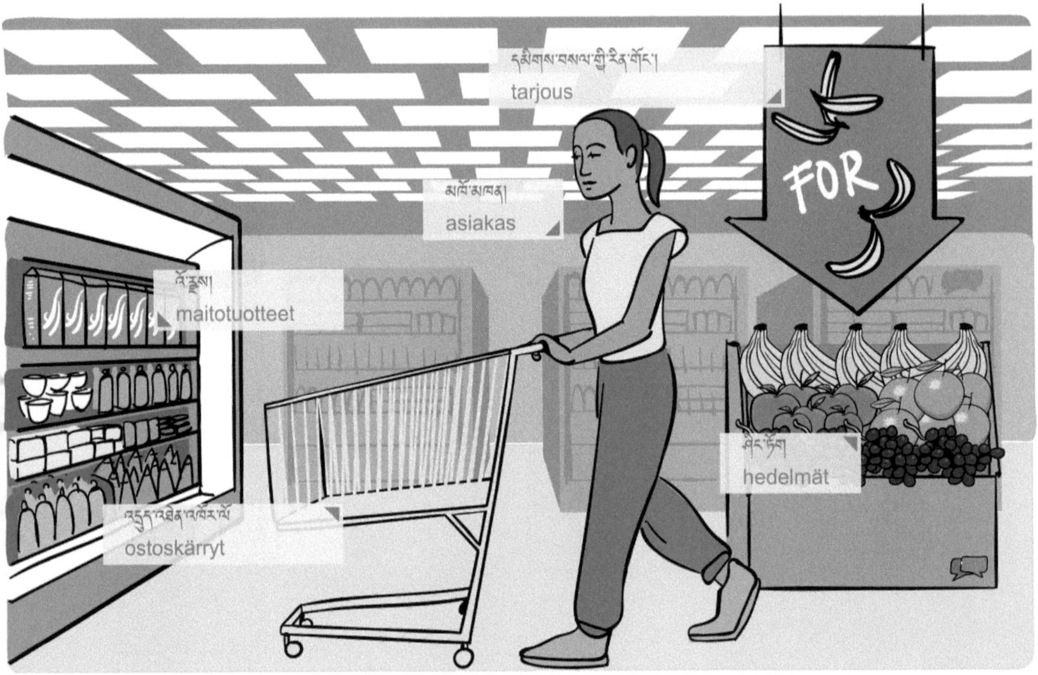

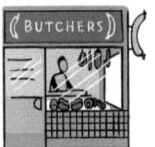

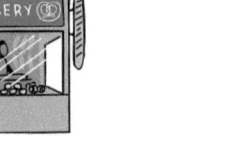

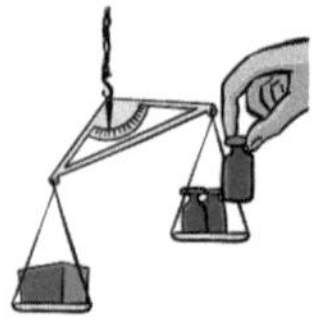

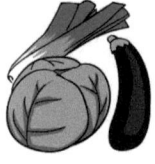

ཚོད་མ།

kasvikset

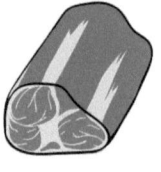

ཤ།

liha

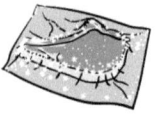

འཁྱུང་ཟས།

pakasteet

ཤ་གྲུབ།

leikkele

ཉིན་བཅུག་པའི་ཟ་མ།

säilykkeet

ཁྲུས་བྱ།

pesujauhe

མངར་ཟས།

makeiset

ཁྱིམ་ཆས།

kotitaloustarvikkeet

ཕྱིན་རྣུས་གཙང་མ།

puhdistusaineet

འགྲེམ་ཚོང་མཁན།

myyjä

དངུལ་སྒྲོམ།

kassa

དངུལ་གཉེར།

kassanhoitaja

དངོས་ཆ་ཞིབ་ཐོ།

ostoslista

སྒོ་འབྱེད་དུས་ཚོད།

aukioloajat

དངུལ་ཁུག

lompakko

ཡིད་རྟོན་བྱང་བུ།

luottokortti

ཁུག་མ།

kassi

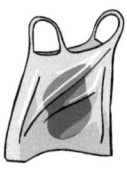

འགྱིག་ཕོག

muovipussi

ཆུ།

vesi

ཤིལ་ཁུ།

mehu

འོ་མ།

maito

ཁ་ཧྭ།

kokis

རྒུན་ཆང་།

viini

སྦུ་ཆང་།

olut

ཆང་རིགས།

alkoholi

ཀོ་ཀོའི།

kaakao

ཇ།

tee

ཀོཕི་ཐ།

kahvi

ཀོཕི་ཐ།

espresso

ཀ་པུན་ཅི་ནོ།

cappuccino

དངས་ལག

banaani

ཀུ་ཤུ།

omena

ཚ་ལུ་མ།

appelsiini

སྐྱུ་ཚ་ག་གོན།

meloni

ལེ་མོན།

sitruuna

ལཔ་ཤེར

porkkana

སྒོག་པ།

valkosipuli

སྤྱུག་མ།

bambu

ཙོང་།

sipuli

ཤ་མོ།

sieni

འབྲུ་སྐོགས།

pähkinät

ཐུག་པ།

spagetti

རྒྱ་ཕྱེ།
spagetti

འབྲས།
riisi

གྱུང་ཚལ།
salaatti

ཀྲི་པུ་སི།
ranskalaiset

ཡོངས་མ་སྲེག་པ།
paistetut perunat

ཕི་ཚ།
pitsa

ཉེས་སྦུ་སྱ།
hampurilainen

བག་ལེབ་སྦྲ་ཕྱི་ཚི།
voileipä

ཤ་ཏིག་གཟོགས།
leike

ཕག་ཤ་དུང་མ།
kinkku

ས་ལ་མི།
salami

རྒྱུ་མ།
makkara

བྱ་ཤ།
kana

སྲེག་པ།
paisti

ཉ།
kala

ཡུ་གུ།

kaurahiutaleet

སྣོ་རི་ཏི་མི།

mysli

ཨ་མོམ་ལེབ་མོ།

murot

ཕྱེ་མ།

jauho

སྐུ་ར་བ།

voisarvi

བག་ལེབ།

sämpylä

བག་ལེབ།

leipä

བག་ལེབ་ཏིག་གཙོས་གནས་སྲེག་མ།

paahtoleipä

སྐུམ་མོན།

keksit

མར།

voi

ཞོ།

rahka

བག་ལེབ་མོན་མོན།

kakku

སྒོ་མ།

kananmuna

སྒོ་ང་བརྔོ་བ།

paistettu kananmuna

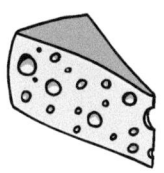

ཕྱུར་མ།

juusto

འཁྱགས་ཞོ།
jäätelö

བྱེ་མ་ཀ་ར།
sokeri

སྦྲང་རྩི།
hunaja

སྤུས་མས།
hillo

ཅོག་ལི་ཆུང་།
suklaapähkinälevite

སྣ་མས།
curry

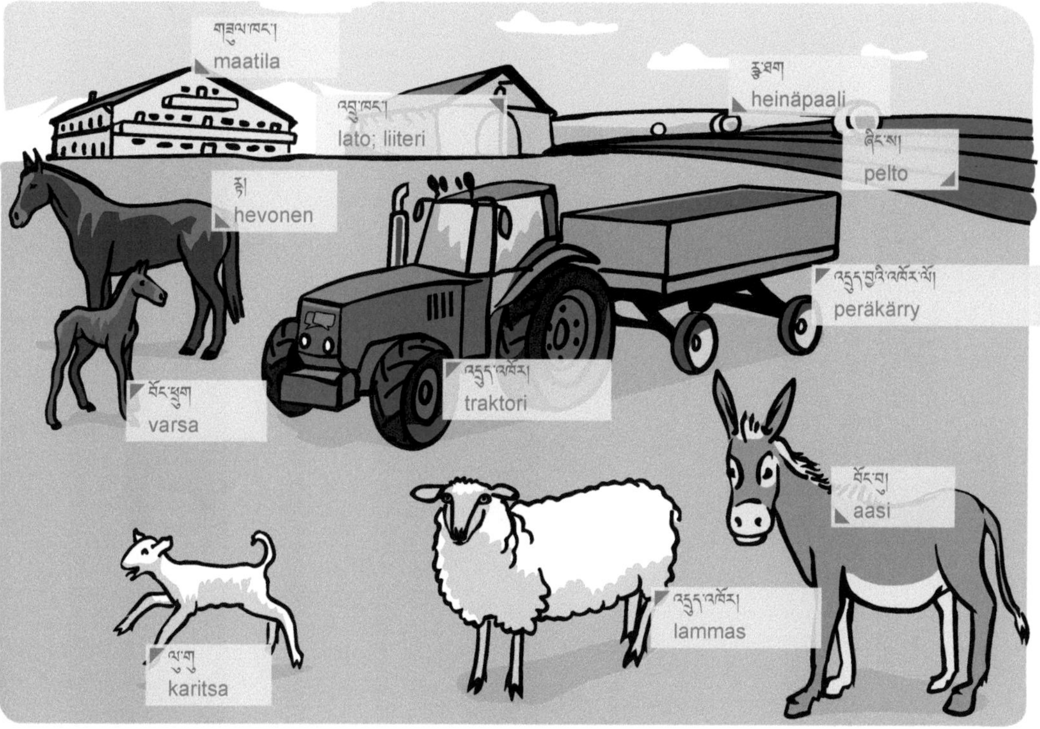

maatila

གནའ་ཁང་།
maatila

འབུ་ཁང་།
lato; liiteri

རྟ།
hevonen

ཙ་ཐག
heinäpaali

ཞིང་ས།
pelto

འདུད་ཕྲུའི་འཁོར་ལོ།
peräkärry

བོང་ཕྲུག
varsa

འདུད་འཁོར།
traktori

བོང་བུ།
aasi

འདུད་འཁོར།
lammas

ལུག
karitsa

ར་མ།
....
vuohi

བ་མོ།
....
lehmä

བེ་བུ།
....
vasikka

ཕག
....
sika

ཕག་ཕྲུག
....
porsas

གླང་།
....
sonni

ངང་པ།
hanhi

བྱ་གག
ankka

བྱིའུ་ཕྲུག
tipu

བྱ་མོ།
kana

བྱ་ཕོ།
kukko

ཙི་ག
rotta

ཞི་མི།
kissa

ས་བྱི་ལིག
hiiri

བ་གླང་།
härkä

ཁྱི།
koira

ཁྱི་ཁང་།
koirankoppi

མེ་ཏོག་ལུམ་རའི་ཆང་པ།
puutarhaletku

ཆུ་འདྲེན་པའི་ལུགས་ཞིབ།
kastelukannu

རྔོར་པ།
viikate

ཐོང་གཤོལ།
aura

ཞིང་ར། - maatila

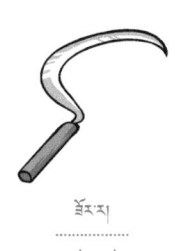

ཟོར་པ།

sirppi

འཛོར།

kuokka

རྩྭ་སྐམ་གྱི་ལ་དབུག

talikko

སྟ་རེ།

kirves

འཁོར་ལོ་གཅིག་མ།

kottikärryt

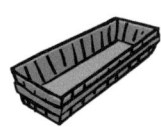

དབར་ས།

kaukalo

འོ་རྫོ།

maitokannu

སོ་ཁུག

säkki

ར་བ།

aita

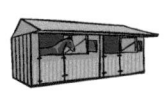

བཅུན་པོ།

talli

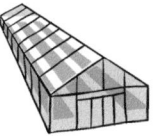

རྡོག་ཁང་།

kasvihuone

ས།

maa

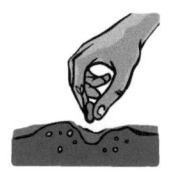

འབྲུ།

siemen

རྩི་ལུད།

lannoite

མཆན་བསྒྲུབ་འཕྲུལ་འཁོར།

leikkuupuimuri

སྟོན་བསྡུ་བ།

kerätä sato

སྟོན་འབབ།

sato

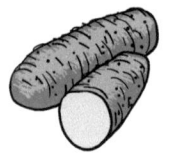

ཞི་སྐྱུས།

jamssit

འབྲོ།

vehnä

རྡང་ཡུས།

soija

ཡོང་མ།

peruna

མ་རྩོས་ལོ་ཏོག

maissi

ཡུངས་དཀར་འབྲུ།

rypsi

ཤིང་སྟོང་།

hedelmäpuu

ཞོག་ལོག་མ་ངར་མོ།

maniokki

འབྲུ་རིགས།

vilja

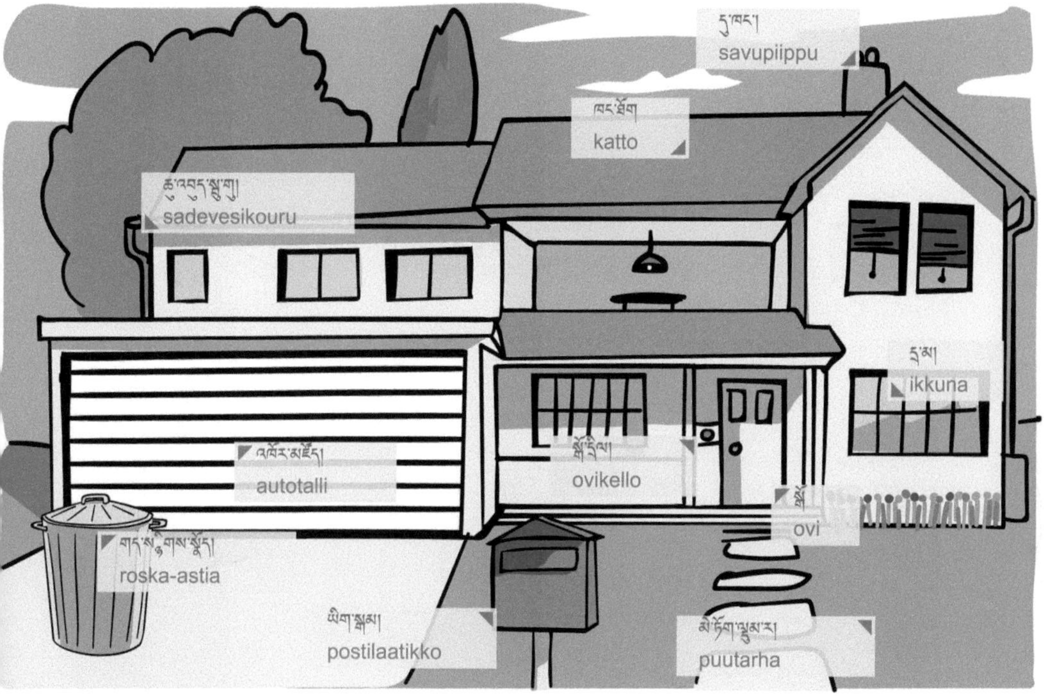

talo

ད་ཁུང་།
savupiippu

ཁང་ཐོག
katto

ཆུ་འབུད་སྦུ་གུ།
sadevesikouru

ཀྲ་མ།
ikkuna

འཁོར་མཚོད།
autotalli

སྒོ་དྲིལ།
ovikello

སྒོ།
ovi

གད་སྙིགས་སྣོད།
roska-astia

ཡིག་སྒམ།
postilaatikko

མེ་ཏོག་གླིང་ར།
puutarha

སྦོད་ཁང་།
olohuone

འཁྲུས་ཁང་།
kylpyhuone

ཐབ་ཚང་།
keittiö

ཉལ་ཁང་།
makuuhuone

ཕྲུག་པའི་ཁང་པ།
lastenhuone

ཁ་ལག་ཟ་ས།
ruokahuone

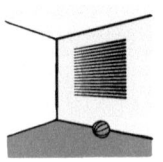

པང་གཞལ།

lattia

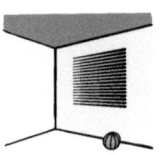

གྱང་།

seinä

གནས་གཅལ།

katto

ས་འོག

kellari

ཀྲུང་ཁུ།

sauna

འདིངས་གཡབ།

parveke

སྨས་ཞིང་།

terassi

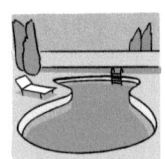

རྫིང་བུ།

uima-allas

རྩྭ་འབྲེག་འཕུལ།

ruohonleikkuri

ལེབ་མོ།

lakana

ཉལ་ཁྲིའི་ཁེབས།

päiväpeitto

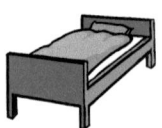

ཉལ་ཁྲི།

sänky

ཕྱགས་མ།

harja

ལ་ཅགས་ཞེམ།

ämpäri

མཐུད་སྒོ།

katkaisin

olohuone

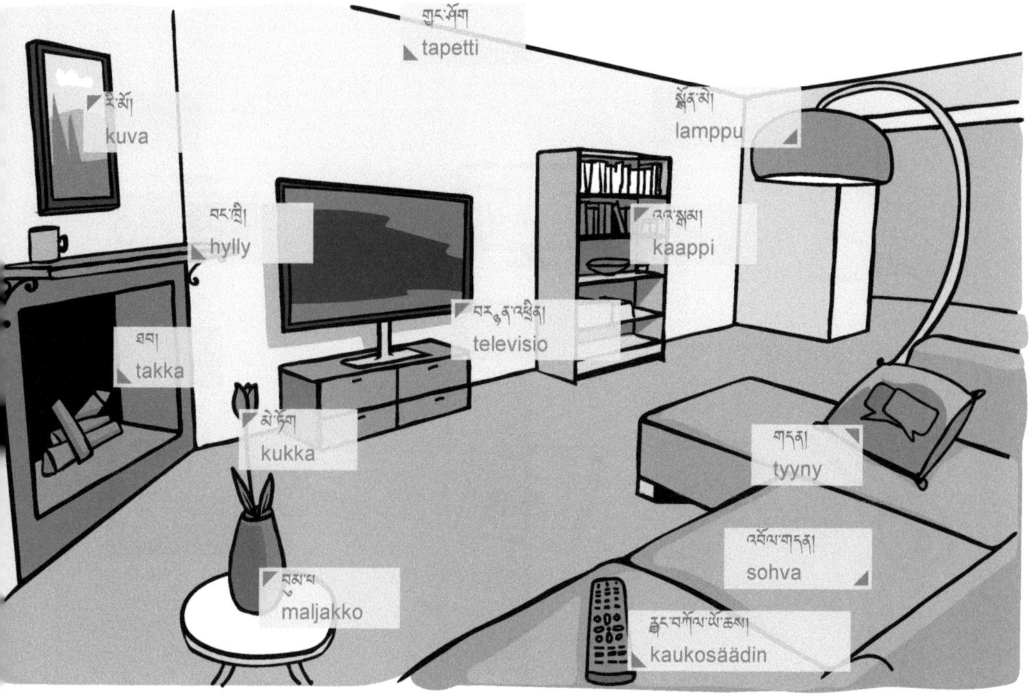

གྱང་ཤོག
tapetti

རྗེ་མོ།
kuva

སྒྲོན་མ།
lamppu

བང་ཁྲི།
hylly

འབའ་སྒམ།
kaappi

ཐབ།
takka

བརྙན་འཕྲིན།
televisio

མེ་ཏོག
kukka

གདན།
tyyny

འབོལ་གདན།
sohva

བུམ་པ།
maljakko

རྒྱབ་བཀོལ་ཡོ་ཆས།
kaukosäädin

ས་གདན།
matto

ཡོལ་བ།
verho

ཅོག་ཙེ།
pöytä

རྐུབ་རྐྱག
tuoli

འབཕྱོམ་འགུལ་རྐུབ་སྐྱོགས།
keinutuoli

རྐུབ་ཀྱག་ལག་འཛུཆན།
nojatuoli

དཔེ་དེབ།

kirja

ཉལ་ཐུབ།

peitto

རྒྱན་པ་གོད།

koriste

མེ་ཤིང་།

polttopuut

སློག་པར་དུ་ན།

elokuva

བསྒྲབས་བསྒྲགས་སྐྲ་ཆས།

stereot

ལྡེ་མིག

avain

གསར་ཤོག

sanomalehti

ཚོན་བྲིས།

maalaus

གསར་བསྒྲགས་སྐྲ་ཡིག

juliste

རླུང་ཕྲིན།

radio

ཟིན་བྲིས།

muistivihko

རྡུལ་ཕྱགས།

pölynimuri

རྒྱ་ཤིང་།

kaktus

ཡང་ལ།

kynttilä

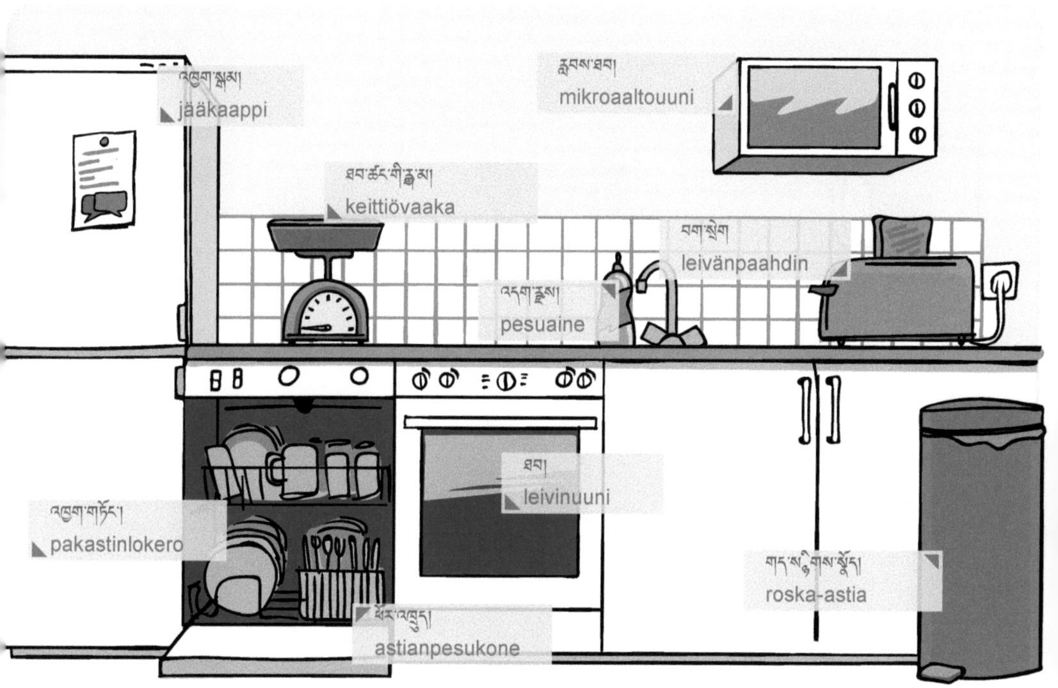

འཁྱག་སྣོད། jääkaappi

རྒྱབས་ཐབ། mikroaaltouuni

ཐབ་ཚད་ཀྱི་རྣ་མ། keittiövaaka

བག་སྲེག leivänpaahdin

འདག་རྫས། pesuaine

ཐབ། leivinuuni

འཁྱག་གཏོང་། pakastinlokero

གད་སྙིགས་བླུགས་སྣོད། roska-astia

ཐ་ར་འཁྲུད། astianpesukone

དཔུགས་རྫིག
liesi

ཟ་འབག
kattila

ལྕགས་ཟངས།
rautapata

སྐྱད།
vokkipannu / kadai-pannu

ཚོད་སྐྱད།
paistinpannu

ཇ་སྙིར།
teepannu

 སྨོག་ཕུ།
....
höyrykeitin

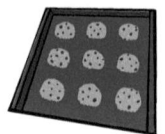

བཤོགས་སྤྲིས།
....
uunipelti

རྫ་ཆས།
....
astiat

ཀོ་རེ།
....
muki

ཕོར་པ།
....
kulho

ཐུར་མ།
....
syömäpuikot

གཟར་བ།
....
kauha

སྒྱི།
....
paistinlasta

དཀྲུག་ཕུར།
....
vispilä

ཚགས་སློགས།
....
siivilä

ཚགས་རྒྱ།
....
siivilä

ཞིབ་འབྲུག་འཕུལ་འཁོར།
....
raastin

སྲོག་ཅིད།
....
mortteli

ཁ་བཤུགས།
....
grilli

 མེ་སྒོགས།
....
avotuli

ཚོད་པད།
leikkuulauta

སྐྱེལ་ཤིང་།
kaulin

ཁད་ད་གཏོལ།
korkinavaaja

ལཅགས་ཀྱིང་
purkki

ལཅགས་ཀྱིང་ཁ་འབྱེད་ཆས།
purkinavaaja

ཚོ་སློམ།
pannulappu

ཆུ་ཤུར།
lavuaari

སྐུ་ཤད།
tiskiharja

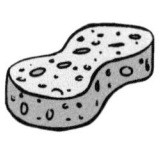

འཁྲུག་ཤོལ
pesusieni

སུབ་དཀྲུག་འཁྲུལ་འཕོར།
tehosekoitin

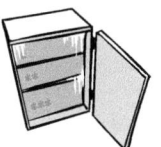

འཁྱག་ཐབ་འཁྲུལ་འཕོར།
pakastin

ཕྱིས་པའི་ནུ་པུ།
tuttipullo

སྐུ་ག
vesihana

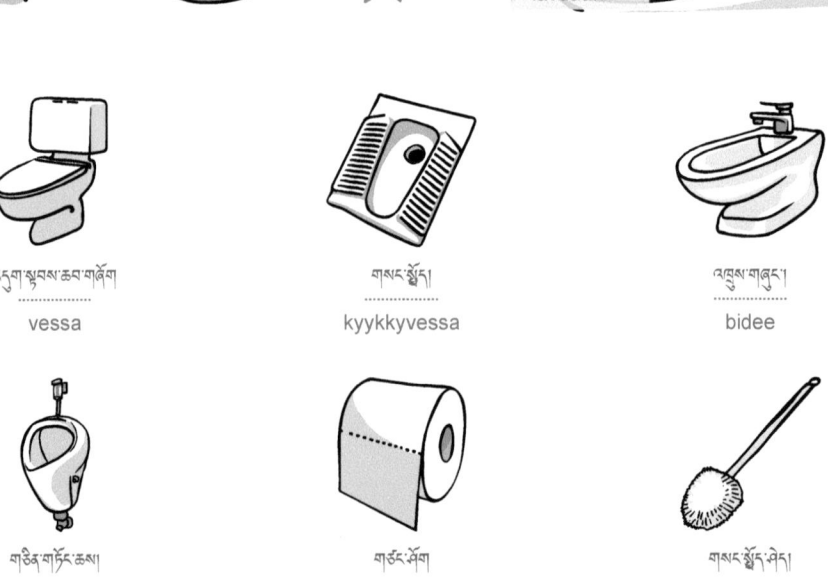

འཁྲུས་ཁང་།

kylpyhuone

དྲོད་རླངས་མགོ་འདོན།
lämmitys
ལུས་ཕྱིས།
pyyhe
ལྦུ་ཁྲུས།
vaahtokylpy
འཐྲུ་ཆས
suihku
ཁྲུས་ཡོལ།
suihkuverho
འཁྲུས་གཞོང་།
kylpyamme
ཤེལ་ཕོར།
lasi
གོས་འཁྲུད་འཕྲུལ།
pesukone
སྦུ་གུ
vesihana
ཕ་གུ
kaakelit
ཆབ་གཞོང་།
potta
ཁ་ཤུར།
lavuaari

འདུག་སྟབས་ཆབ་གཞོག

vessa

གསང་སྤྱོད།

kyykkyvessa

འཁྲུས་གཞུང་།

bidee

གཅིན་གཏོང་ཆས།

pisuaari

གཙང་ཤོག

vessapaperi

གསང་སྤྱོད་ཤེད།

vessaharja

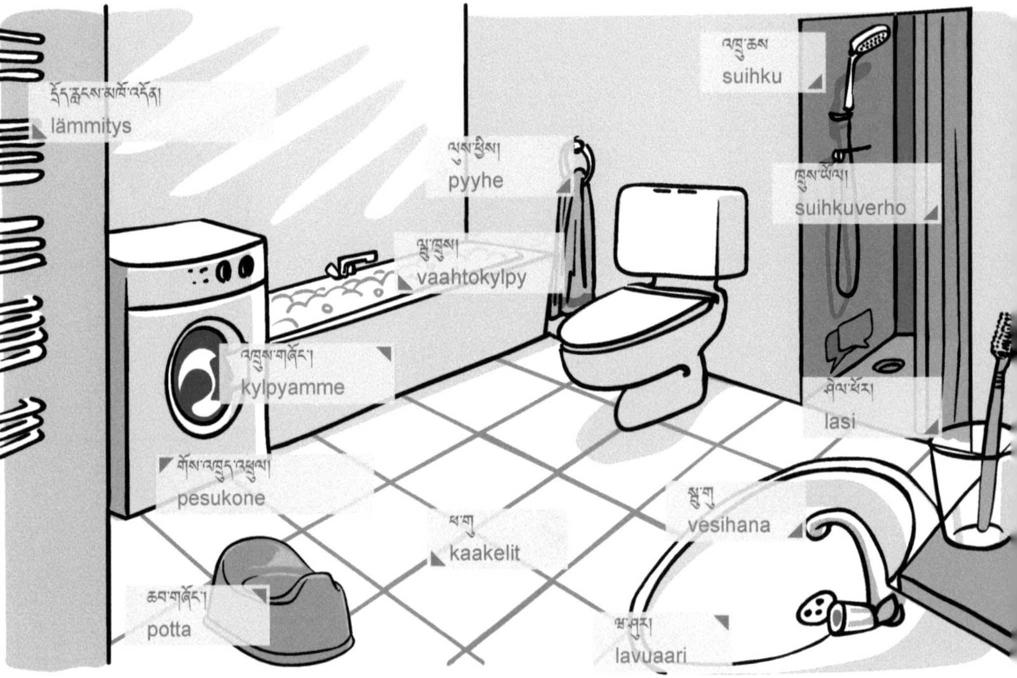

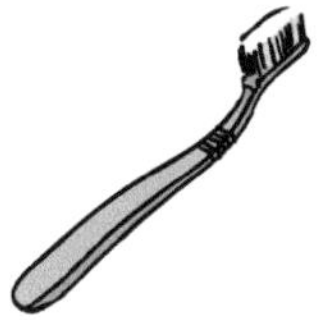

སོ་བཀྲུ

hammasharja

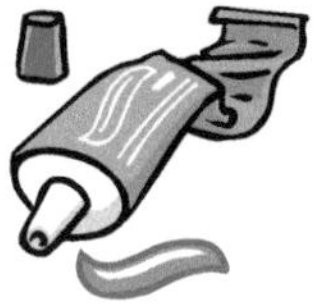

སོ་སྨན།

hammastahna

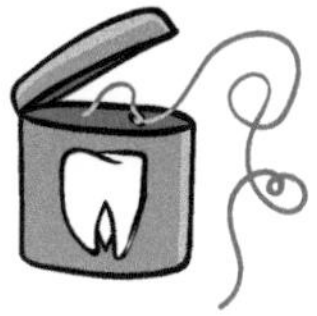

སོ་སྐུད།

hammaslanka

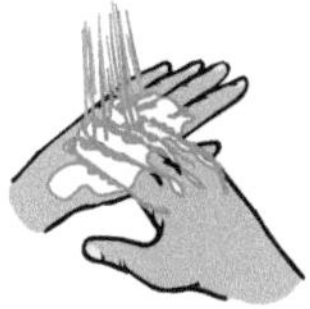

བཀྲུ་བ།

pestä

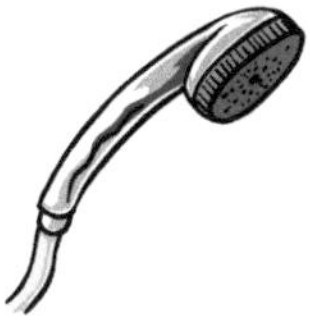

ལག་ཏུ་བཟུང་བའི་འཁྲུ་ཆས།

käsisuihku

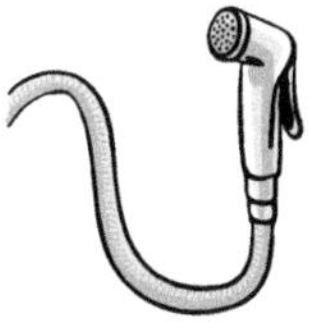

ཁྲུས།

intiimisuihku

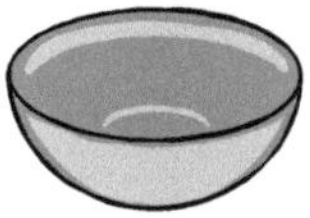

གཞོང་ས།

pesuvati

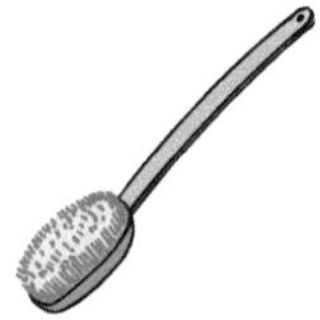

རྒབ་ཤད།

selkäharja

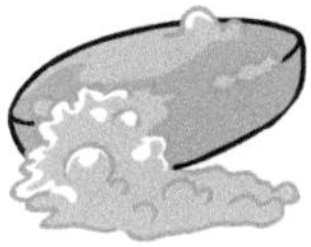

སྦྱོས་ཚལ།

saippua

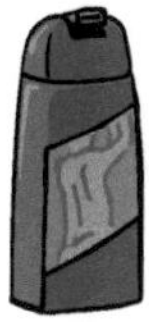

ཁྲུས་ཟིལ།

suihkugeeli

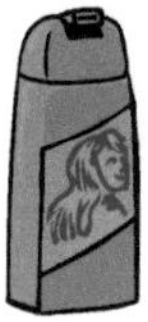

སྐྲ་འཁྲུད་ལྡེ་གུ

shampoo

ཕྱི་ལན་སྤྱི།

pesulappu

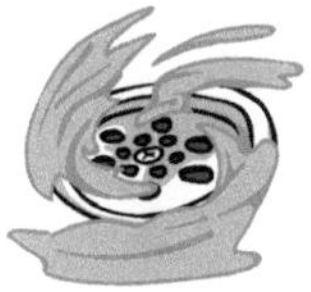

ཆུ་གཏོང་བ།

viemäri

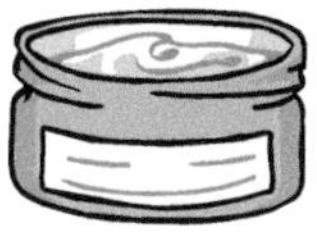

སྐྱུ་སྨུམ།

voide

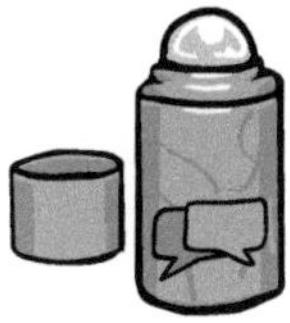

དྲི་ཞིམ།

deodorantti

མེ་ལོང་།

peili

མེ་ལོང་།

käsipeili

སྤུར་བཞར།

partaveitsi

བཞར་བའི་སྤུམ།

partavaahto

ཁ་སྤུ་བཞར་རྫས།

partavesi

སོ་མདར།

kampa

ཤད།

harja

སྐྲ་འབུད་འཕྱུལ་འཕྲོས།

hiustenkuivaaja

འཇིག་སྐྲིན།

hiuslakka

ངོ་ཕྱིས།

meikki

མཆུ་སྐྱི།

huulipuna

སེན་སྐྱི།

kynsilakka

བལ་ཕྲུག

pumpuli

སེན་ཆན།

kynsisakset

རྩི་དྲི་ཞིམ།

hajuvesi

འབྲུས་ཁུག

kosmetiikkalaukku

བཞད་ལྕེ་དོར་བ།

jakkara

ལུས་ཚད།

vaaka

འབྲུས་གོས།

kylpytakki

འགྲིག་སྨྱིན་ལག་ཤུབས།

kumihansikkaat

སྤུད་ལེབས།

tamponi

ཚོན་ཤོག

terveysside

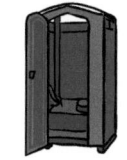

རྫས་འགྱུར་གསང་སྤྱོད།

kemiallinen wc

བྱིས་པའི་ཁང་པ།

lastenhuone

ཉིལ་བརྡ་ཆུ་ཚོད།
herätyskello
བལ་སྐུད་རྩེད་ཆས།
pehmolelu
རྩེད་ཆས་རླངས་འཁོར།
leikkiauto
གླག་ཅོར།
helistin
རས་ཨོ་ལོའི་ཁང་ཆུང་།
nukkekoti
ལག་སྐྱེས།
lahja

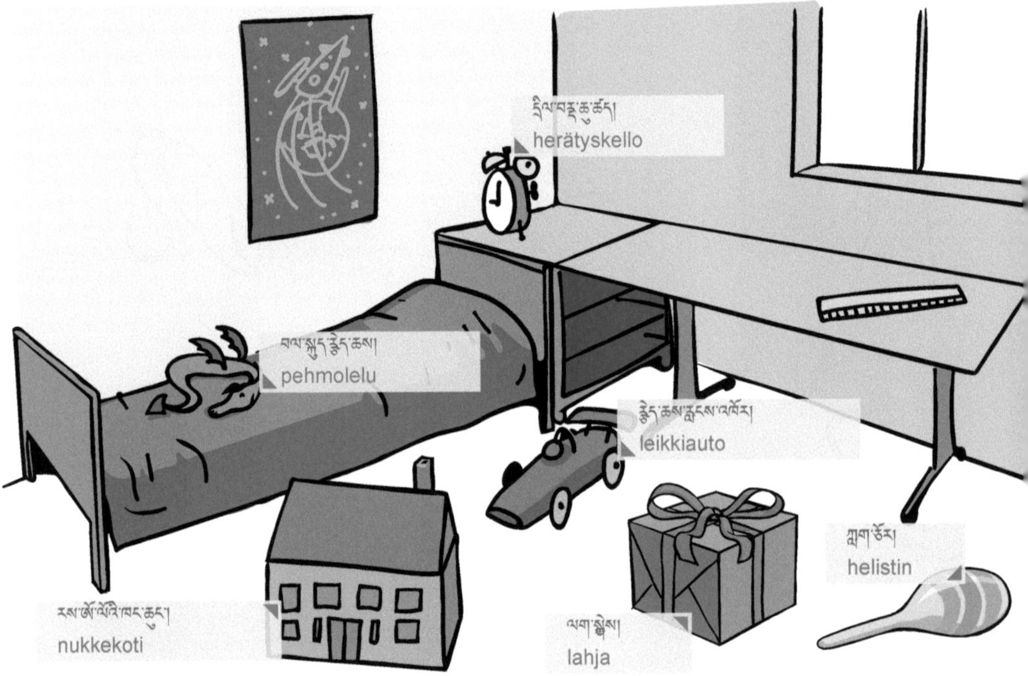

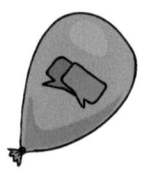

དབུགས་སྒང་།

ilmapallo

ཉལ་ཁྲི།

sänky

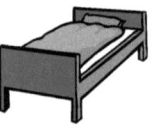

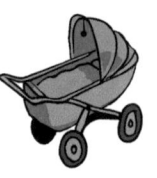

བྱིས་པའི་འཁྲོགས་འཁོར།

lastenvaunut

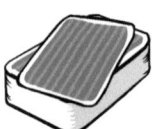

ཤོག་སྦྲག

korttipeli

རིས་བསྒྲིག་རྩེད་ཆས།

palapeli

SUPER
MEGA

མུ་འབྲེལ་རི་མོ།

sarjakuva

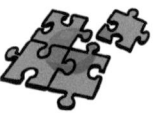

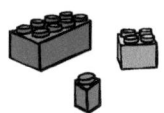

བེ་གོ། .... legopalikat

བརྩིག་ཤིང༌། .... rakennuspalikat

དཔྱིབས་འགྱུར་འཕུལ་མི། .... supersankari

ཞེན་ནར་སོན། .... potkupuku

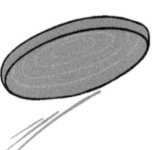

འཕུར་སྙིམ། .... frisbee

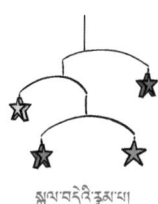

སྐྱ་ལ་བའི་རྣམ་པ། .... mobile

མིག་མངས་ཀྱི་རོལ་རྩེད། .... lautapeli

སོ་རྩེད། .... noppa

དཔེ་རྙིལ་མེ་འཁོར། .... pienoisjunarata

རྣུས་མ། .... tutti

འདུ་ཚོགས། .... juhlat

རི་མོའི་དཔེ་དེབ། .... kuvakirja

པོ་ལོང༌། .... pallo

རས་མོ་ལོ། .... nukke

རྩེད་མོ་རྩེ་བ། .... leikkiä

སེ་རྡོ།

hiekkalaatikko

འཕྱང་རྩད།

keinu

རྩེད་ཆས།

lelut

རྩེད་འཕྲུལ།

pelikonsoli

འཁོར་གསུམ་འཁོར་ལོ།

kolmipyörä

ཕྱེའི་དྲེད་ཞུད།

nalle

གོས་སྒྲོམ།

vaatekaappi

རྐང་ཤུབས།

sukat

ཞུམ་ས་ལ།

nylonsukat

རྐང་ཤུབས།

sukkahousut

ཨ་དགུལ།
kaulaliina

གདུགས།
sateenvarjo

རྡོར་ཆབ།
vyö

སྟོད་ཐུང་།
t-paita

རྐང་སྐོང་གྱོན་ཆས།
lenkkarit

ལྷམ།
saappaat

བསིལ་ལྷམ།
sisätossut

འདུད་ལྷམ།
sandaalit

ལྷམ།
kengät

འཁྲིག་ལྷམ།
kumisaappaat

ཨང་རག
alushousut

ནུད་ཁེབས།
rintaliivit

རྒྱལ་ལེན།
aluspaita

བུ་སྟེའི་གྱོན་ཆས།

body

རྐང་ཆོ།

housut

འཛིན།

farkut

སྨད་གཡོགས།

hame

ཕོག་འཛུག

pusero

སྟོད་ཐུང་།

paita

བལ་གོས།

villapaita

ཞྭ་ལྷ།

collegepaita

སྟོད་གོས་སྟོད་ལེ།

jakku

ཀྲ་གི་ཏེ།

takki

སྟོད་གོས།

takki

ཆར་གོས།

sadetakki

གྱོན་ཆས།

puku

གྱོན་གོས།

mekko

བག་གོས།

hääpuku

དུག་སློག

puku

ཤུལ་གོས

yöpaita

ཉལ་གོས

pyjama

ནུ་རི

shari

མགོ་དཀྲིས

päähuivi

ཐོད་དཀྲིས

turbaani

སློག་ལྷ

burka

ཀ་ཕུ་ཏན

kaftaani

ཨ་ལ་ཡ

abaya

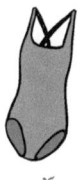

ཆུ་གོས

uimapuku

དུད་ཤོག

uimahousut

དོར་ཐུང

shortsit

ལུས་རྩལ་སློག་ཆས

verkkarit

པང་གདན

esiliina

ལག་ཤུབས

käsineet

སྐོག་གུ།

nappi

མིག་ཤེལ།

silmälasit

ལག་གདུབ།

rannekoru

སྐེ་ཆུན།

kaulakoru

ཕྲེགས་འཁོབས།

sormus

རྣ་ལོང་།

korvakoru

ཞྭ།

lippalakki

གོས་དྲང་།

ripustin

གུས་ཞྭ།

hattu

གོང་དཀྲིས།

solmio

འཛིན་སྐྱོག

vetoketju

ཀྲོག

kypärä

དཔུང་ཐག

henkselit

སློབ་གོས།

koulupuku

སྙིག་ཆས།

univormu

ক্লু'ঝ়ৼস།

ruokalappu

ক্রুম'মা

tutti

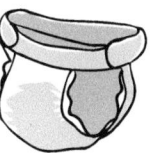

ক্লু'শ়ৼস།

vaippa

ন়মন'ঝ়িৼ'ন়া
palvelin

ঝ়ি়ন়'ক্লু়ি'ক্লুম়া
asiakirjakaappi

ঝ়ি়ন়'ৼন়ৼ'ৼস়া
tulostin

ন়ৼঝ়'ন়িৼস়া
näyttö

ঝ়ি়ন়'ন়ু
paperi

ৼ়ি়ন়'ৼৃ়ঁ
kirjoituspöytä

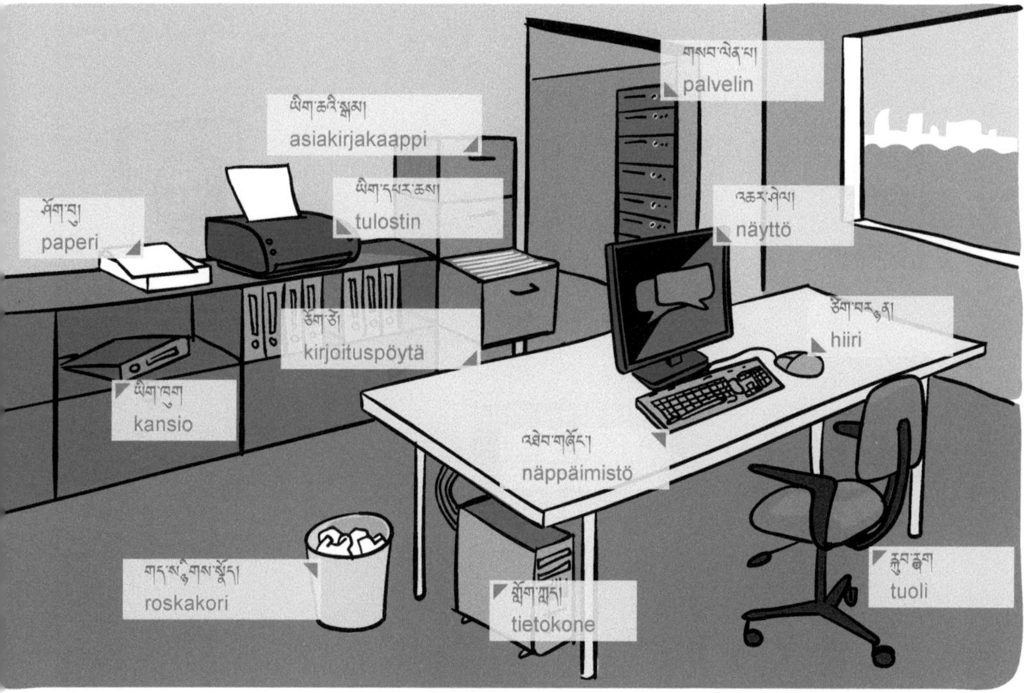

ৼ়ঝ়'ন়ৼ়ৼস়া
hiiri

ঝ়ি়ন়'ৼ়ি়ন়া
kansio

ৼ়ঝ়ন়'ন়িৼ়ৼ়
näppäimistö

ন়ৼ়ৼ়'ন়ৼস়'ক্ল়ৼ়৾া
roskakori

ৼ়ৼ়ন়'ন়ু়া
tietokone

ক্লু়ন়'ৼ়ন়া
tuoli

ৼ়ঝ়'ৼ়়়়়়
kahvimuki

ঝ়ৼ়'ৼ়ঝ়ন়'ৼন়ু়ন়'ন়ৼ়া
taskulaskin

ৼ়ৃ়া
internet

ལག་འཁྱེར་སྒྲོག་ཀླད།

kannettava tietokone

ཡི་གེ

kirje

འཕྲིན་ཕྲད།

viesti

ལག་འཁྱེར་ཁ་པར།

kännykkä

དྲ་ལམ།

verkko

བསྐྱར་འདྲ་འཕྲུལ་ཆས།

kopiokone

མཉེན་ཆས།

ohjelmisto

ཁ་པར།

puhelin

སྒྱུར་གདངས།

pistorasia

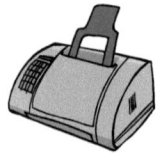

རྒྱང་འཕྲིན།

faksi

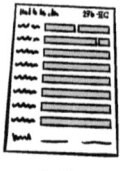

རེའུ་མིག

lomake

ཡིག་ཆ།

asiakirja

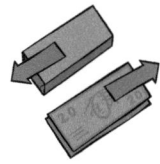

ཙོང་།

ostaa

དངུལ་སྤྲོད་པ།

maksaa

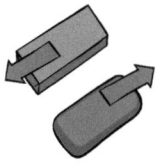

ཚོང་རྒྱག་པ།

vaihtaa

སྒོར་མོ།

raha

ཨ་སྒོར།

dollari

ཡོ་སྒོ།

euro

ཇེ་གོ།

jeni

རུའུ་སྦྲེས།

rupla

ཕུའི་ཅེར་གྱི་ཁྲ་རན་མིའི་སྒོར་མོ།

frangi

རྒྱ་ནག་གི་སྒོར་མོ།

renminbi juan

ལུའུ་པི།

rupia

ལག་དངུལ་གྱི་གཟུས།

pankkiautomaatti

བརྗེ་འགྱུར་ལས་ཁངས།

rahanvaihto

གསེར།

kulta

དངུལ།

hopea

སྣུམ།

öljy

ནུས་ཤུགས།

energia

རིན་གོང་།

hinta

གན་རྒྱ།

sopimus

དཔྱ་ཁྲལ།

vero

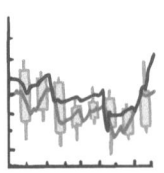

ཚོང་ཐོག

osake

ལས་ཀ་བྱེད་པ།

työskennellä

ལས་བྱེད་པ།

työntekijä

ལས་ཀ་སྤྲོད་མཁན།

työnantaja

བཟོ་གྲྭ།

tehdas

ཚོང་ཁང་།

liike

ammatit

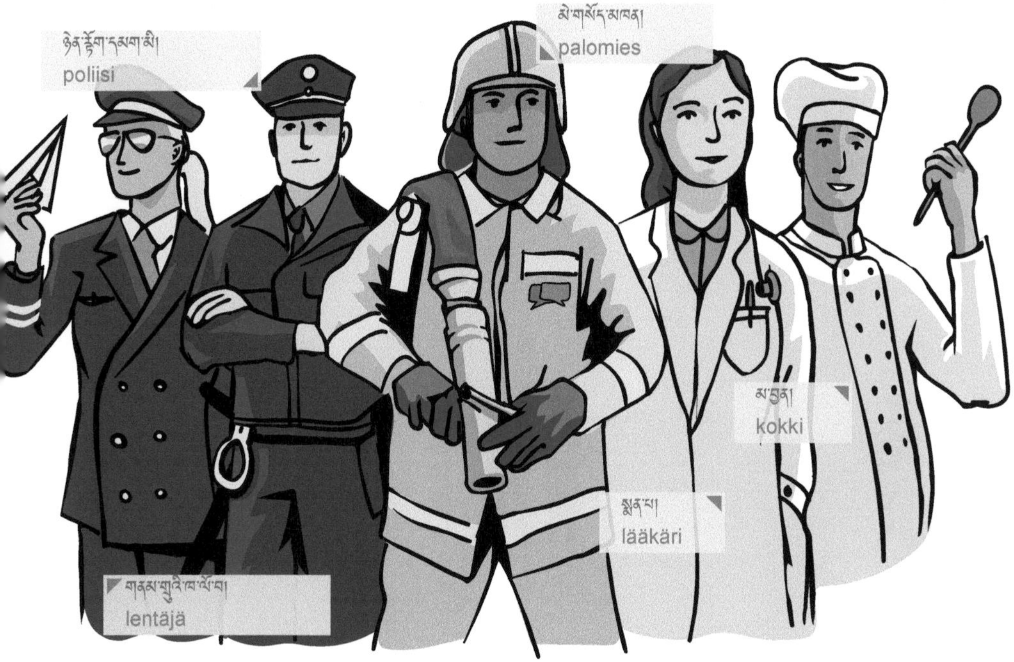
ཉེན་རྟོག་དམག་མི།
poliisi
མེ་གསོད་མཁན།
palomies
མ་བྱན།
kokki
སྨན་པ།
lääkäri
གནམ་གྲུ་ཁ་ལོ་བ།
lentäjä

ལྡུམ་ར་བ།

puutarhuri

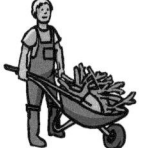

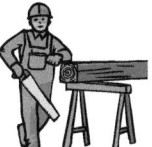

ཤིང་བཟོ་བ།

puuseppä

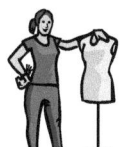

ཚེམ་མཁན་མ།

ompelija

ཁྲིམས་དཔོན།

tuomari

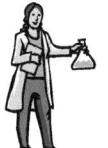

རྫས་སྦྱོར་མཁས་པ།

kemisti

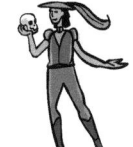

གློག་བརྙན་འཁྲབ་སྟོན་པ།

näyttelijä

ཁ་ལོ་བ།

linja-autonkuljettaja

སྨྱ་རྒྱག་རྡུངས་འཁོར་ཁ་ལོ་བ།

taksinkuljettaja

ཉ་པ།

kalastaja

གཙང་སྦྲ་བྱེད་མཁན།

siivooja

ཁང་ཐོག་བཟོ་མཁན།

katontekijä

ཞབས་ཞུ་བ།

tarjoilija

རྔོན་པ།

metsästäjä

ཚོན་རྩི་གཏོང་མཁན།

maalari

བག་ལེབ་ལས་མཁན།

leipuri

གློག་བཟོ་མཁན།

sähköasentaja

ཨར་ལས་པ།

rakentaja

ཨར་ལས་བཅུར་འགོད་པ།

insinööri

བཤན་པ།

teurastaja

ཆུ་ལམ་བཟོ་སྐྲུག་པ།

putkiasentaja

ཡིག་སྐྱེལ་བ།

postinjakaja

དམག་མི།

sotilas

ཨར་ལས་པ།

arkkitehti

དངུལ་གཉེར།

kassanhoitaja

མེ་གཤོན་མཁན།

floristi

སྐྲ་བཟོ་མཁན།

kampaaja

སྐྲ་འདྲེན།

konduktööri

བཟོ་ལས་པ།

mekaanikko

འགོ་བྱེད།

kapteeni

སོའི་སྨན་པ།

hammaslääkäri

ཚན་རིག་པ།

tiedemies

འཇིར་སློབ་དཔོན།

rabbi

ཨི་མམ།

imaami

གྲྭ་པ།

munkki

ཆོས་དོན་གཉེར་མཁན།

pappi

työkalut

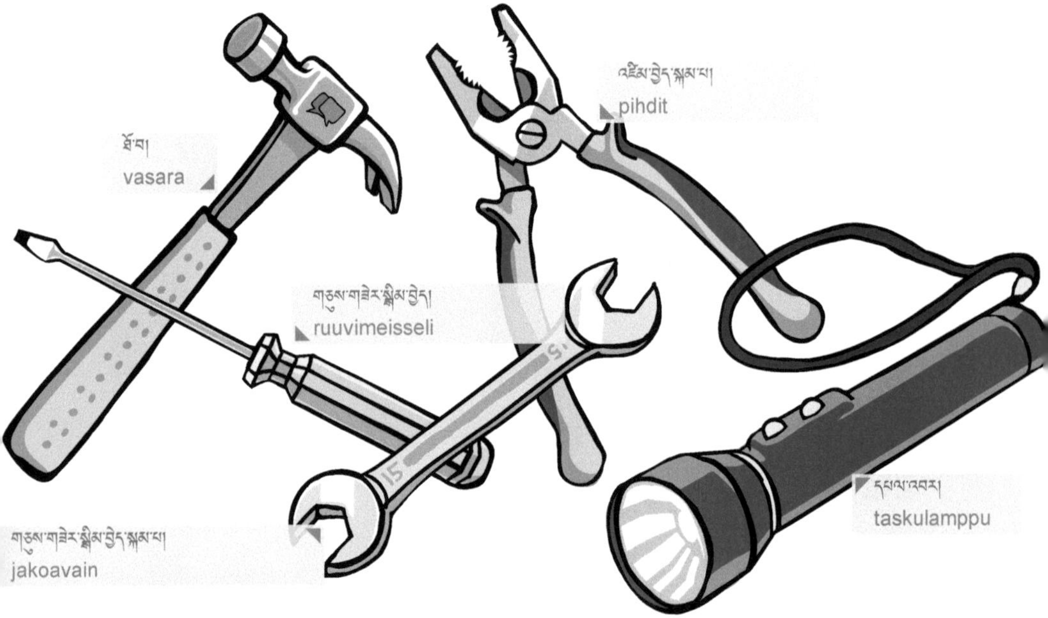

ཐོ་བ།
vasara

འཛེམ་བྱེད་སྐམ་པ།
pihdit

གཙུས་གཟེར་སྐྲིལ་བྱེད།
ruuvimeisseli

དཔལ་འབར།
taskulamppu

གཙུས་གཟེར་སྐྲིལ་བྱེད་སྐམ་པ།
jakoavain

སྨྱོག་མ་ལས།
kaivinkone

སྤྱོད་ཆས་སྒམ།
työkalupakki

འཛེགས་སྐས།
tikkaat

སོག་ལེ།
saha

ལྕགས་གཟེར།
naulat

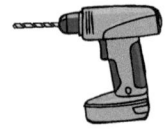

འབིགས་གསོར་འཕྲུལ་འཁོར།
pora

བརྩོ་བཅོས་རྒྱག་པ།

korjata

སྐྱོག་མ།

lapio

ཨ་མའི་ག

Hitto!

གད་གཉིགས་གཡུགས་བྱེད་ལྕགས།

rikkalapio

སྣུམ་རྡོ།

maalipurkki

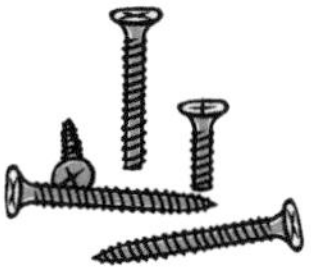

གཏུན་གཟེར།

ruuvit

རོལ་ཆས།

soittimet

རྔ་ཤུབས།
rummut

སྒྲ་སྒྲོམ།
kaiuttimet

 སྒྲ་དབྱངས་འཁོལ་ཡོན།
kontrabasso

འབུད་རྒྱུད།
trumpetti

རྒྱུད་དུང་།
kitara

རྡོད་སྙེན།

piano

འདེགས་ཆུང་།

viulu

སྒྲ་གདངས་དམའ་བ།

basso

རྡ་རྙིག་རུ་པ།

patarummut

རྔ།

rumpu

མཐེབ་གཞོང་།

kosketinsoitin

སག་མེ་ཕོན།

saksofoni

འཕེད་གླིང་།

huilu

སད་སྒྲོག

mikrofoni

གཅན་གཟིག་ཁང་།

eläintarha

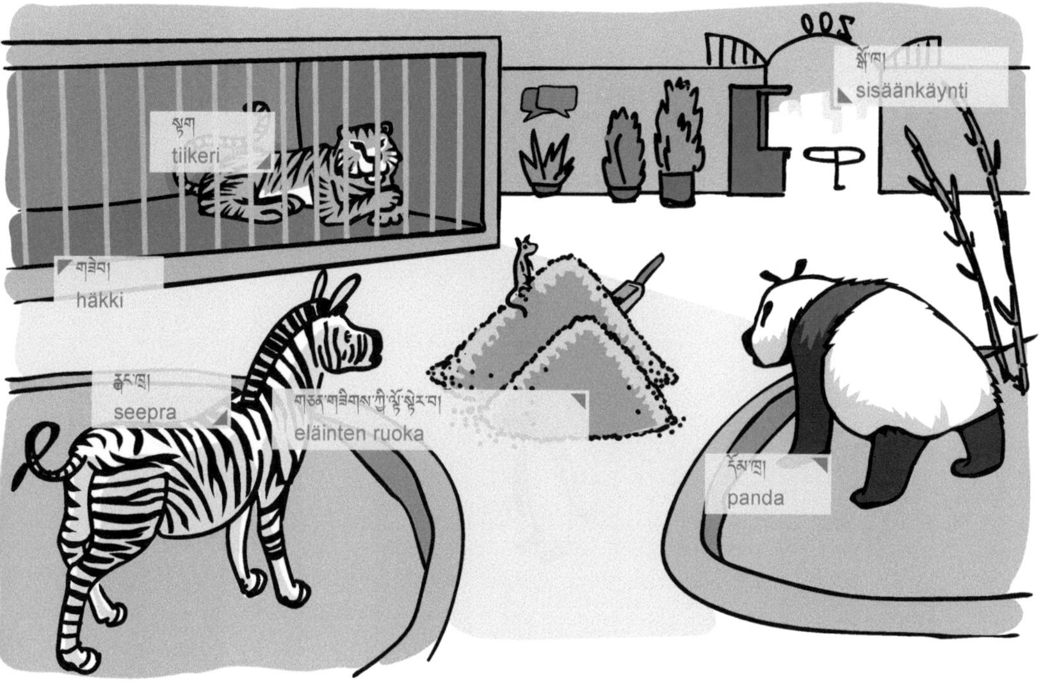

སྟག
tiikeri
སྒོ་ཁ།
sisäänkäynti
གཟེབ།
häkki
རྟང་ཁྲ།
seepra
གཅན་གཟིགས་ཀྱི་ལྟོ་སྟེར་བ།
eläinten ruoka
དོམ་ཁྲ།
panda

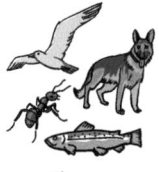

སྲོག་ཆགས

eläimet

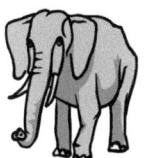

གླང་ཆེན།

norsu

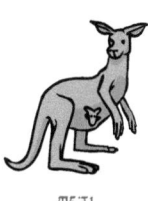

ཀངྒ་རུ།

kenguru

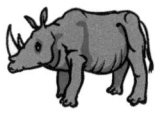

བསེ་རུ།

sarvikuono

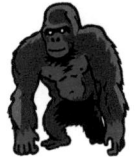

མི་རྒོད།

gorilla

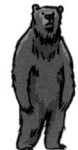

དོམ།

karhu

རྔ་མོང་།
kameli

རྔ་མོང་བྱ་ཆེན།
strutsi

སེང་གེ།
leijona

སྤྲེའུ།
apina

དང་པའི་བྱ་ལ་པོ།
flamingo

ནེ་ཙོ།
papukaija

དོམ་དཀར།
jääkarhu

བྱ་ཆེན་པེད་གུན།
pingviini

ཉ་ཆེན་འཁྲུ།
hai

རྨ་བྱ།
riikinkukko

སྦྲུལ།
käärme

རྩ་སྦྲུལ།
krokotiili

གཅན་གཟན་ཁང་གི་གཉེར་ལས་པ།
eläintarhanhoitaja

མཚོ་སྦུན།
hylje

གཅན་གཟན་གུང་།
jaguaari

ཡུལ་རྟ།

poni

གཟིག

leopardi

མ་ཚོ་ཕག

virtahepo

ཤ་གླ་ལེ་རིང་།

kirahvi

ཁྲ།

kotka

ཕོ་ཕག

villisika

ཉ།

kala

རུས་སྦལ།

kilpikonna

ཕྱོལ་རས།

mursu

ཝ་མོ།

kettu

དགོ་བ།

gaselli

ཨ་རིའི་རྐང་རྩེད་སྤོ་ལོ།
amerikkalainen jalkapallo

རྣམ་འགྲུ་རི་ལ་བཞོན་པ།
pyöräily

ཏེ་ནི་སི།
tennis

ལན་ཆེའི་སྤོ་ལོ།
koripallo

ཆུ་སྐྱལ་བ།
uinti

ཁུག་སོང་།
nyrkkeily

རྡོག་ཀིའི།
jääkiekko

རྐང་རྩེད་སྤོ་ལོ།
jalkapallo

བྱ་སྒྲོའི་སྤོ་ལོ་བྱེད་མོ།
sulkapallo

ལུས་རྩལ་ལས་འགུལ།
yleisurheilu

ལག་རྩེད་སྤོ་ལོ།
käsipallo

གངས་ཤུད་པ་ལེབ།
hiihto

པོ་ལོ།
poolo

aktiviteetit

གད་མོ་དགོད་པ།
nauraa

མཆོང་པ།
hypätä

འཁམས་འཁྱུད་བྱེད་པ།
halata

གོམ་པ་རྒྱག་པ།
kävellä

གླུ་ལེན་པ།
laulaa

རྨི་ལམ་གྱོང་པ།
unelmoida

གསོལ་བ་འདེབས་པ།
rukoilla

འོ་བྱེད་པ།
suudella

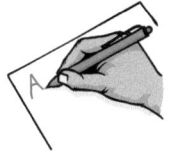

འབྲི་བ།
kirjoittaa

འབྲི་བ།
piirtää

མིག་ལ་སྟོན་པ།
näyttää

འབད་རྩོལ་གཏོང་བ།
painaa

སྤྲོད་པ།
antaa

ལེན་པ།
ottaa

ཡོད།

omistaa

བྱེད།

tehdä

ཡིན།

olla

ལངས་པ།

seisoa

རྒྱུག་པ།

juosta

འཐེན་པ།

vetää

འཕེན་པ།

heittää

ལྷུང་བ།

kaatua

ཉལ་བ།

maata

སྒུག་པ།

odottaa

འཁྱེར།

kantaa

མར་སྡོད་པ།

istua

གྱོན་པ།

pukeutua

གཉིད་ཉལ་བ།

nukkua

ཡར་ལངས་པ།

herätä

ཀློ་བ།

katsoa

དུ་བ།

itkeä

གོན་པ་གཡིན་པ།

silittää

སྐྲ་བཤད་པ།

kammata

སྐད་ཆ་གཤོད་པ།

puhua

རྟོགས་པ།

ymmärtää

དྲི།

kysyä

ཐོས་པ།

kuunnella

འཐུང་།

juoda

ཟ།

syödä

ལེགས་སྒྲིག

siivota

དགའ་བ།

rakastaa

བཙོ་བ།

keittää

རྡུས་འཁོར་གཏོང་བ།

ajaa

འཕུར་བ།

lentää

རྒྱ་མཚོར་སྐྱོད་པ།

purjehtia

རྩིས་རྒྱག་པ།

laskea

སློག་པ།

lukea

སྦྱོང་སྦྱོང་བྱེད་པ།

oppia

ལས་ཀ་བྱེད་པ།

työskennellä

གཉེན་སྒྲིག་བྱེད་པ།

mennä naimisiin

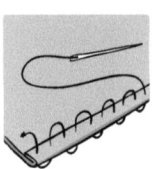

འཚེམ་པ།

ommella

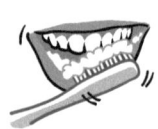

སོ་འཁྲུ།

pestä hampaat

གསོད་པ།

tappaa

འདུད་པ་འཐེན་པ།

tupakoida

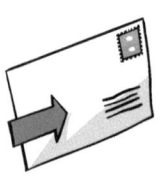

གཏོང་བ།

lähettää

perhe

ཕྱི་མོ།
mummo

ཕོ་པོ།
ukki

ཨ་པ།
isä

ཨ་མ།
äti

ཕྲུ་གུ།
vauva

བུ་མོ།
tytär

བུ་ཕྲུག
poika

མགྲོན་པོ།
vieras

ཨ་ནེ།
täti

ཨ་ཁུ
setä

ཕ་སྤུན།
veli

ཨ་ཅེ།
sisko

ལུས་ཕུངས།

vartalo

ཐོད་པ།
otsa
མིག
silmä
ཕྲག་པ།
olkapää
མཛུབ་མོ།
sormet
ངོ་གདོང་།
kasvot
མ་ནེ།
leuka
ལག་པ།
käsi
རྐང་པ།
jalka
ནུ་མ།
rinta
ལག་ངར།
käsivarsi

བྱིས་པ།

vauva

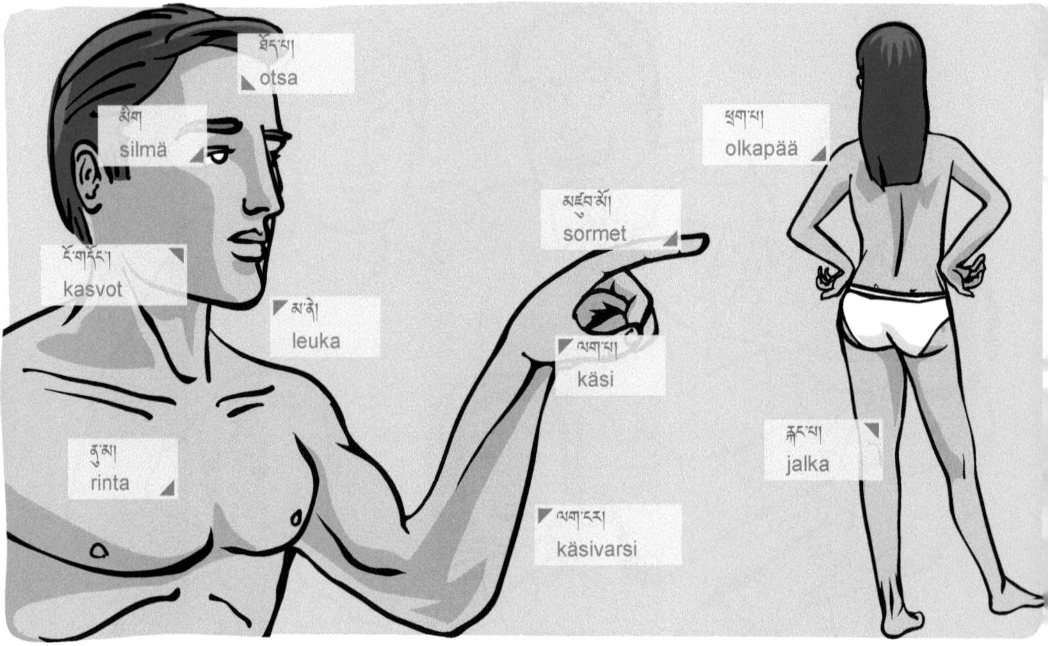

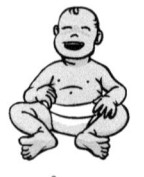

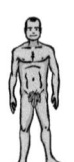

སྐྱེས་པ

mies

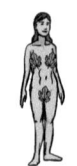

བུད་མེད།

nainen

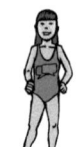

བུ་མོ།

tyttö

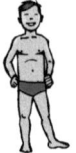

བུ།

poika

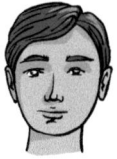

མགོ།

pää

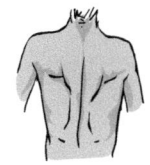

སྐུལ་པ།

selkä

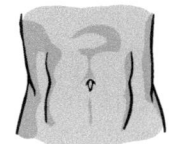

ཕོག་པ།

maha

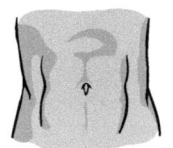

ལྟེ་བ།

napa

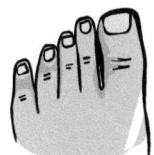

རྐང་མཛོག

varvas

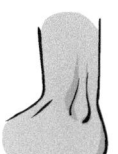

རྟིང་ག

kantapää

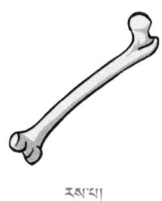

རུས་པ།

luu

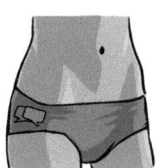

དཔྱི་མགོ

lantio

པུས་མོ

polvi

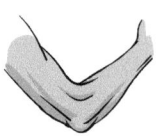

གྲུ་མོ

kyynärpää

སྣ།

nenä

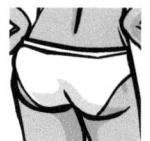

རྐུབ།

takapuoli

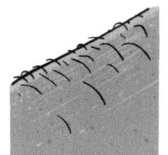

པགས་པ།

iho

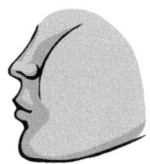

འགྲམ་རྡོག

poski

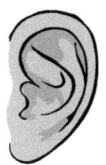

རྣ་མཆོག

korva

མ་ཆུ།

huuli

ཁ་

suu

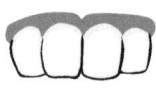

སོ།

hammas

ལྕེ།

kieli

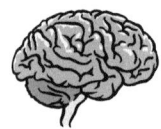

ཀླད་པ།

aivot

སྙིང་།

sydän

ཤ་གནད།

lihas

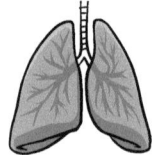

གློ་བ།

keuhkot

མཆིན་པ།

maksa

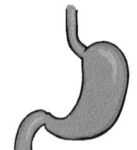

གྲོད་པ།

vatsa

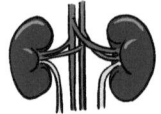

མཁལ་མ།

munuaiset

འཁྲིག་སྤྱོད།

seksi

ལུད་ཤུབས།

kondomi

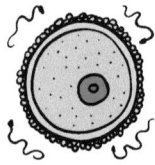

ཁམས་དམར།

munasolu

ཁམས་དཀར།

sperma

ལུས་མའི་གནས་སྐབས།

raskaus

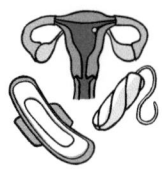

ཀླུ་མ་ཚོན།

kuukautiset

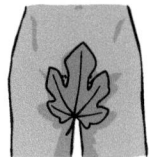

སྐྱེ་སྒོ།

vagina

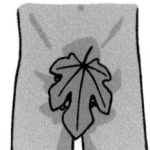

ཕོ་མཚན།

penis

སྤྱིན་མ།

kulmakarvat

སྐྲ།

hiukset

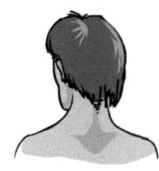

སྐེ།

niska

སྨན་ཁང་།

sairaala

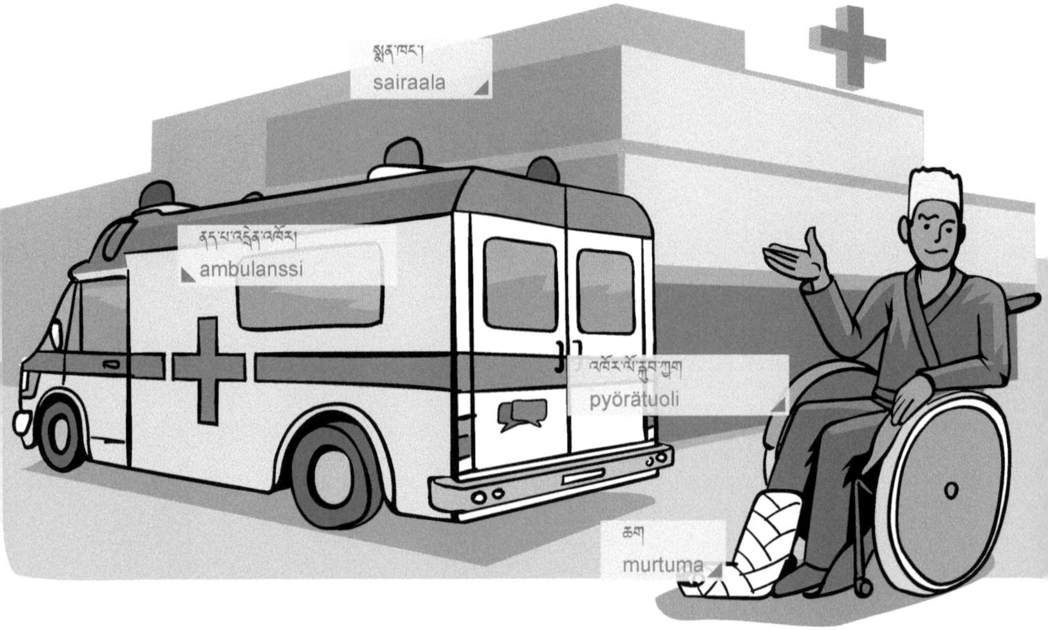

སྨན་ཁང་།
sairaala
ནད་པ་འདྲེན་འཁོར།
ambulanssi
འཁོར་ལོ་རྐུབ་ཀྱག
pyörätuoli
ཆག
murtuma

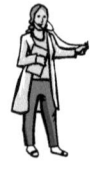

སྨན་པ།

lääkäri

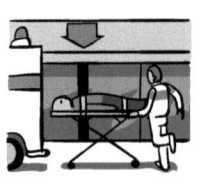

མྱུར་སྐྱོབ་ཁང་།

ensiapu

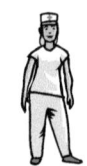

ནད་གཡོག

sairaanhoitaja

མྱུར་སྐྱོབ།

hätätilanne

དྲན་པ་འཐོར།

tajuton

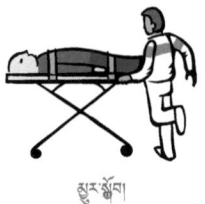

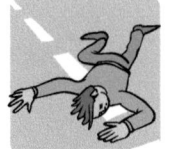

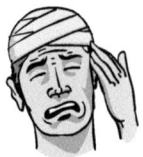

ཟུག་རྔུ།

kipu

སྐྲོན།

vamma

ཁྲག་བཞུར་བ།

verenvuoto

སྙིང་ཁྲག་དགགས་པ།

sydänkohtaus

གཟའ་འཕོག

aivoinfarkti

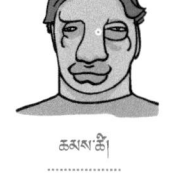

ཚམས་ཚི།

allergia

གློ་སྐུག་པ།

yskä

ཚ་བ་རྒྱས་པ།

kuume

ཚམས་རིམས།

flunssa

བཤལ་ནད།

ripuli

མགོ་ན།

päänsärky

 སྐྲན་ནད།

syöpä

གཉེན་སི།

diabetes

གཤགས་གཏོད་སྨན་པ།

kirurgi

གཤག་བཅོས་གྲི།

veitsi

བཀོལ་སྦྱོད།

leikkaus

CT་ཞིབ་བཤེར།

ct

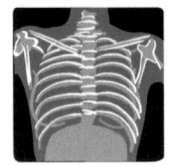

གློག་དཔར།

röntgen

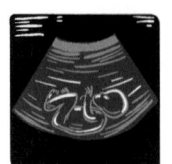

བརྐྱལ་སྐྲ་ཡི་གློག་པར།

ultraääni

དོ་ཞེབས།

maski

ནད།

sairaus

སྨྱུག་ཁང་།

odotushuone

ཞ་པོའི་འཁར་ཤིང་།

sauva

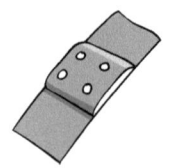

ཐབ་རྒྱལ།

laastari

ཁྲི་དགྱིས།

side

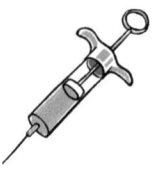

ཁབ།

pistos

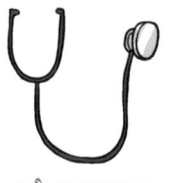

ནད་ཞིབ་རྒྱུ་སྐྲ་འཕུལ་ཆས།

stetoskooppi

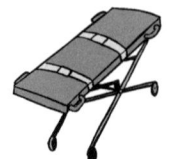

འགྲོག་འཕུང་།

paarit

ཚ་དྲག་སྟེ་ཚད།

kuumemittari

སྐྱེ་བ།

syntymä

ལྱིད་བསྒལ།

ylipaino

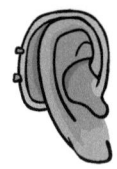

ཉན་པར་ཡོ་བྱད།

kuulolaite

དུག་སེལ་སྨན་རྫས།

desinfiointiaine

འགོ་བ།

infektio

དུག་སྲིན།

virus

ཨེ་ཙི་ཨེད་དུག

HIV / AIDS

སྨན།

lääke

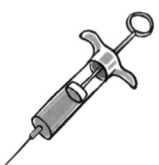

སྔོན་འགོག་སྨན་ཁབ།

rokotus

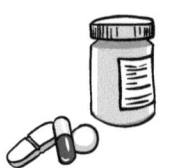

སྨན་རིལ།

tabletit

སྔོ་འགོག་སྨན།

pilleri

མྱུར་སྐྱོབ་འབོད་པ།

hätäpuhelu

ཁྲག་གཤེད་ཚིས་ཆས།

verenpainemittari

ནད་པ་འདི་པོ་ཐང་པོ།

sairas / terve

སྐྱོབ་སློབ་ཡ།

Apua!

ཉེན་བརྡ།

hälytys

རྐུ་ལ་འཛིངས།

ryöstö

བཙན་རྐོ་ལ།

hyökkäys

ཉེན་ཁ།

vaara

བྲོས་སྐུར་ཐོན་སྒོ།

hätäuloskäynti

མེ།

Tulipalo!

མེ་གསོད་ཡོ་བྱད།

palosammutin

འཁྲུལ་ཉེས།

onnettomuus

སྨན་སྐྱོབ་སྒམ།

ensiapulaukku

ཚེ་སྐྱོབ་སྐྱོབས།

SOS

ཉེན་རྟོག་པ།

poliisilaitos

ཡོ་རོབ།

Eurooppa

ཨ་མེ་རི་ཀའི་བྱང་མ།

Pohjois-Amerikka

a མེ་རི་ཀའི་ལྷོ་མ།

Etelä-Amerikka

ཨ་ཕྲི་རི་ཀ།

Afrikka

ཨེ་ཤེ་ཡ།

Aasia

ཨོ་སི་ཏྲོ་ལི་ཡ།

Australia

རྒྱབ་ཆེན་རྒྱ་མཚོའི།

Atlantin valtameri

ཞི་བདེའི།

Tyynimeri

རྒྱ་གར་རྒྱ་མཚོ།

Intian valtameri

ལྷོ་སྤྱིའི་རྒྱ་མཚོ།

Eteläinen jäämeri

བྱང་སྤྱི་བྱང་མའི་རྒྱ་མཚོ།

Pohjoinen jäämeri

བྱང་ནེ།

pohjoisnapa

ষ্ণ্র্ক্ষ্ৰ্|

etelänapa

ষ্ণ্র্ষ্ৰ্ৰ্ৰ্|

Antarktis

ষ্র্ষ্ৰ্্র্|

maa

ষ্|

maa

ষ্র্ষ্ৰ্ৰ্|

meri

ষ্র্ৰ্্র্|

saari

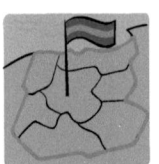

ষ্র্্র্ৰ্|

kansa

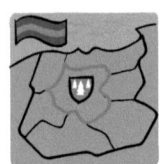

ষ্র্্র্ৰ্|

osavaltio

kello

ཆུ་ཚོད།

kellotaulu

ཆུ་ཚོད་ཀྱི་མདའ།

tuntiviisari

སྐར་མདའ།

minuuttiviisari

སྐར་མདའ།

sekuntiviisari

དུས་ཚོད་ག་ཚོད་རེད།

Paljonko kello on?

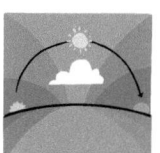

ཉིན།

päivä

དུས་ཚོད།

aika

ད་ལྟ།

nyt

མཛུབ་དཔྱིབས་ཅན་གྱི་ཆུ་ཚོད

digitaalikello

སྐར་མ།

minuutti

དུས་ཚོད།

tunti

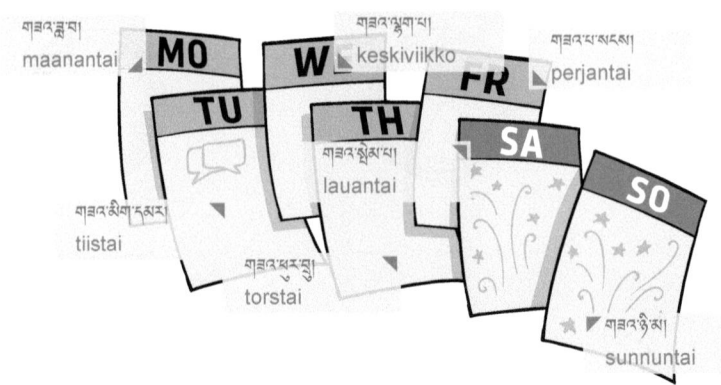

གཟའ་ཟླ་བ། maanantai

གཟའ་ལྷག་པ། keskiviikko

གཟའ་པ་སངས། perjantai

གཟའ་སྤེན་པ། lauantai

གཟའ་མིག་དམར། tiistai

གཟའ་ཕུར་བུ། torstai

གཟའ་ཉི་མ། sunnuntai

ཁ་སང་།

eilen

དེ་རིང་།

tänään

སང་ཉིན།

huomenna

ཞོགས་པ།

aamu

ཉིན་དགུང་ས།

keskipäivä

དགོང་ས་མོ།

ilta

MO	TU	WE	TH	FR	SA	SU
1	2	3	4	5	6	7
8	9	10	11	12	13	14
15	16	17	18	19	20	21
22	23	24	25	26	27	28
29	30	31	1	2	3	4

ལས་གཞིར་ཉིན་མོ།

työpäivät

MO	TU	WE	TH	FR	SA	SU
1	2	3	4	5	6	7
8	9	10	11	12	13	14
15	16	17	18	19	20	21
22	23	24	25	26	27	28
29	30	31	1	2	3	4

བདུན་ཕྲག་གི་མཇུག་འཁྲུག

viikonloppu

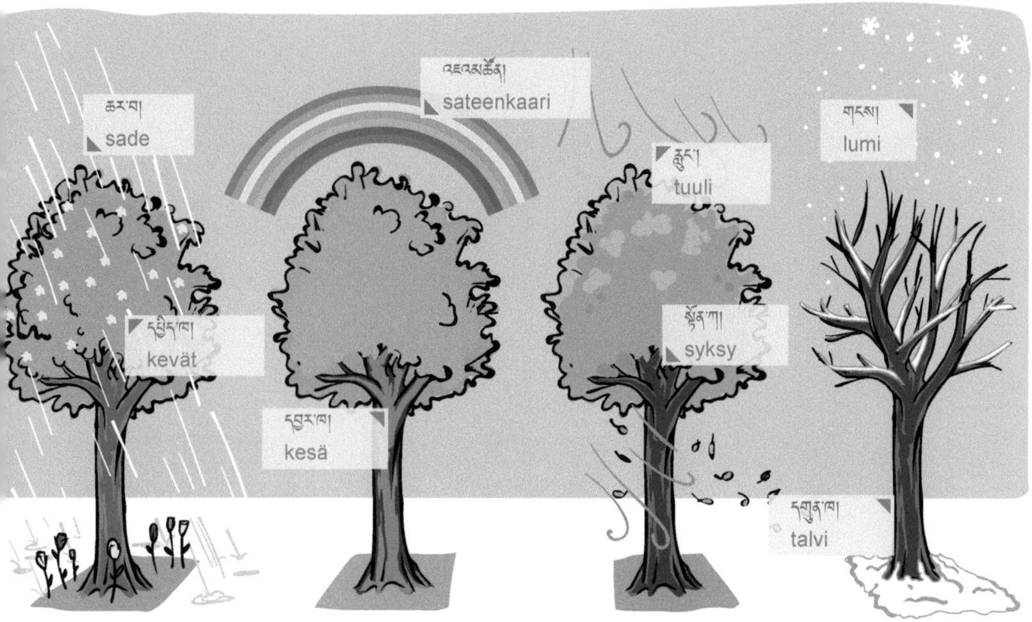

ཆར་བ།
sade

འཇའ་ཚོན།
sateenkaari

གངས།
lumi

རླུང་།
tuuli

དཔྱིད་ཁ།
kevät

སྟོན་ཁ།
syksy

དབྱར་ཁ།
kesä

དགུན་ཁ།
talvi

4.APRIL	11°	☀
5.APRIL	4°	⛆
6.APRIL	13°	☔
7.APRIL	8°	❄
8.APRIL	10°	☀

གནམ་གཤིས་སྔོན་བརྗོད།
sääennuste

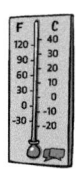

དྲོད་ཚད་རྩིས་ཆས།
lämpömittari

ཉི་འོད།
auringonpaiste

སྤྲིན།
pilvi

སྨུག་པ།
sumu

བརླན་ཚད།
ilmankosteus

སློག
salama

འབྲུག་སྐད།
ukkonen

རླུང་འཚུབ།
myrsky

མེར་བ།
rae

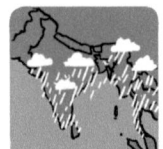

དུས་རྒྱུན།
monsuuni

ཆུ་ལོག
tulva

འཁྱགས་པ
jää

སྤྱི་ཟླ་དང་པོ།
tammikuu

སྤྱི་ཟླ་གཉིས་པ།
helmikuu

སྤྱི་ཟླ་གསུམ་པ།
maaliskuu

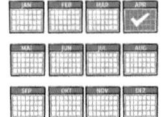

སྤྱི་ཟླ་བཞི་པ།
huhtikuu

སྤྱི་ཟླ་ལྔ་བ།
toukokuu

སྤྱི་ཟླ་དྲུག་པ།
kesäkuu

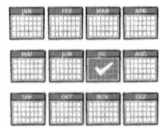

སྤྱི་ཟླ་བདུན་པ།
heinäkuu

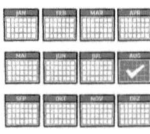

སྤྱི་ཟླ་བརྒྱད་པ།
elokuu

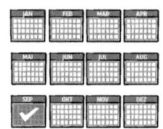

སྤྱི་ཟླ་དགུ་པ།

syyskuu

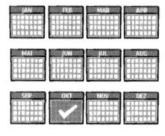

སྤྱི་ཟླ་བཅུ་པ།

lokakuu

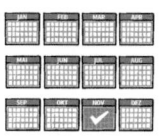

སྤྱི་ཟླ་བཅུ་གཅིག་པ།

marraskuu

སྤྱི་ཟླ་བཅུ་གཉིས་པ།

joulukuu

དབྱིབས།
muodot

སྒོར་སྒོར།

ympyrä

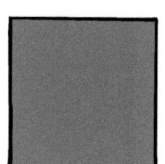

གྲུ་བཞི་མ།

neliö

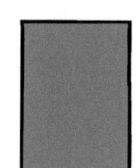

གྲུ་བཞི་རིང་མོ།

suorakulmio

ཟུར་གསུམ་མ།

kolmio

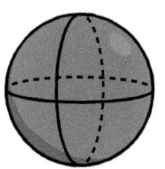

རིལ་པོ།

pallo

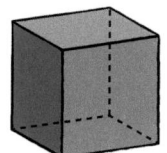

ཟླུམ་པོ།

kuutio

དཀར་པོ།

valkoinen

སེར་པོ།

keltainen

ལི་དབང་།

oranssi

ཁྲིང་སྐྱ།

vaaleanpunainen

དམར་པོ།

punainen

མུ་མེན་མདོག

violetti

སྔོན་པོ།

sininen

ལྗང་གུ།

vihreä

རྒྱ་སྨུག

ruskea

སྐྱ་པོ།

harmaa

ནག་པོ།

musta

མང་པོ་ཉུང་བ།

paljon / vähän

ཁྲོ་བོ་ཉི་འཛུམ་ཅན།

vihainen / ystävällinen

མ་རབས་ཁ་ཡག

kaunis / ruma

སྒོ་བརྒྱབས་པ་སྒོ་ཕྱེ།

alku / loppu

ཆེ་བ་ཆུང་བ།

suuri / pieni

འོད་ཕྲོ་ཕྲོ་མུན་ནག

vaalea / tumma

ཕ་སྤུན་ཨ་ཆེ།

veli / sisko

གཙང་མ་བཙོག་པ།

puhdas / likainen

ཚང་ཚང་མ་ཚང་བ།

täydellinen / epätäydellinen

ཉིན་མོ་མཚན་མོ།

päivä / yö

གཤིན་པོ་གསོན་པོ།

kuollut / elävä

ཡངས་པོ་དོག་པོ།

leveä / kapea

ཐ་རུང་ཟ་རུ་མི་རུང་བ།

syötävä / syömäkelvoton

དན་པ་ཤིམས་པ་བཟང་།

paha / kiltti

དགའ་སྤྲོ་སྤྲོ་གནས་སྤུང་སྤྱེས་པ།

innostunut / tylsistynyt

ཚོན་པོ་དང་ཕྲ་པོ།

lihava / laiha

དང་པོ་མཐའ་མ།

ensimmäinen / viimeinen

གྲོགས་པོ་དགྲ་པོ།

ystävä / vihollinen

ཁེངས་པ་སྟོང་པ།

täysi / tyhjä

མཉིགས་པོ་འཇམ་པོ།

kova / pehmeä

ལྗིད་པོ་ཡང་མོ།

painava / kevyt

བཀྲེས་པ་སྐོམ་པ།

nälkä / jano

ནད་པ་བདེ་པོ་ཐང་པོ།

sairas / terve

ཁྲིམས་འགལ་གྱི་ཁྲིམས་ཀྱི།

laiton / laillinen

རིག་པ་ཅན་སྦྲེན་པ།

älykäs / tyhmä

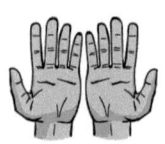

གཡོན་གཡས།

vasen / oikea

ཉེ་པོ་ཐག་རིང་པོ།

lähellä / kaukana

ལྡོག་ཕྱོགས་ཀྱི་མིང་ཚིག - vastakohdat

གསར་པ་དུ་དང་སོང་།

uusi / käytetty

གང་ཡང་མེན་པ་གང་རེ་ཡིན་ན།

ei mitään / jotain

ལོ་ན་མཐོ་བ་གཞོན་ནུ།

vanha / nuori

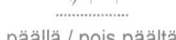

སྤྱོད་ཡམ།

päällä / pois päältä

ཁ་འབྱེད་ནས་ཡོད་པའི་ཁ་བཏད་ནས་ཡོད་པའི།

auki / kiinni

ཁུ་སིམ་པོ་སྐད་ཆེན་པོ།

hiljainen / äänekäs

ཕྱུག་པོ་སྐྱོ་པོ།

rikas / köyhä

ཡོག་རེས་འཛོར་པ།

oikein / väärin

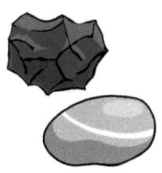

རྩུབ་པོ་འཇམ་པོ།

karhea / sileä

ཡིད་སྐྱོ་ནི་དགའ་པོ།

surullinen / iloinen

ཐུང་བ་རིང་བ།

lyhyt / pitkä

དལ་བུ་སྒྱུར་བ།

hidas / nopea

རློན་པ་སྐམ་པོ།

märkä / kuiva

དྲོན་པོ་གྲང་མོ།

lämmin / viileä

འཐབ་པ།

sota / rauha

0

གྲངས་གོང་།
....
nolla

1

གཅིག
....
yksi

2

གཉིས།
....
kaksi

3

གསུམ།
....
kolme

4

བཞི།
....
neljä

5

ལྔ།
....
viisi

6

དྲུག
....
kuusi

7

བདུན།
....
seitsemän

8

བརྒྱད།
....
kahdeksan

9

དགུ
....
yhdeksän

10

བཅུ།
....
kymmenen

11

བཅུ་གཅིག
....
yksitoista

12

བཅུ་གཉིས།
kaksitoista

13

བཅུ་གསུམ།
kolmetoista

14

བཅུ་བཞི།
neljätoista

15

བཅོ་ལྔ།
viisitoista

16

བཅུ་དྲུག
kuusitoista

17

བཅུ་བདུན།
seitsemäntoista

18

བཅོ་བརྒྱད།
kahdeksantoista

19

བཅུ་དགུ
yhdeksäntoista

20

ཉི་ཤུ།
kaksikymmentä

100

བརྒྱ།
sata

1.000

སྟོང་།
tuhat

1.000.000

ས་ཡ།
miljoona

kielet

དབྱིན་སྐད།

englanti

ཨ་རིའི་དབྱིན་སྐད།

amerikanenglanti

རྒྱི་སྐད།

mandariinikiina

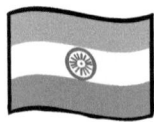

ཧིན་དི།

hindi

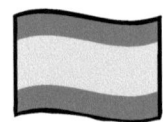

སི་པེན་གྱི་སྐད་རིགས།

espanja

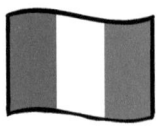

ཕ་རཱན་སེའི་སྐད་རིགས།

ranska

ཨ་རབ་ཀྱི་སྐད་རིགས།

arabia

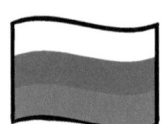

ཨུ་ར་སུའི་སྐད་རིགས།

venäjä

ཕོར་ཐུག་གཱལ་གྱི་སྐད་རིགས།

portugali

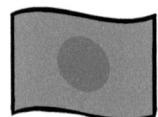

བྲུང་གཱ་ལ་སྐད་རིགས།

bengali

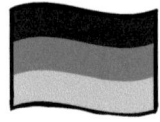

འཇར་མན་སྐད་རིགས

saksa

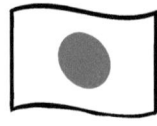

ཧཪ་པན་སྐད་རིགས།

japani

kuka / mitä / miten

ང་།
....
minä

ཁྱེད་རང་།
....
sinä

ཁོ་མོ་འདི།
....
hän

ང་ཚོ།
....
me

ཁྱེད་ཚོ།
....
te

ཁོ་ཚོ།
....
he

སུ།
....
kuka?

ག་རེ།
....
mitä / mikä?

ག་འདྲ།
....
miten?

ག་བ།
....
missä?

ག་དུས།
....
milloin?

མིང་།
....
nimi

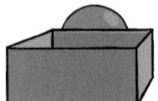

རྒྱབ་ན།

takana

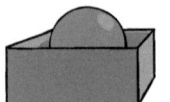

ནང་ན།

sisällä

མདུན་ན།

edessä

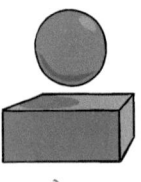

སྟེང་ན།

yläpuolella

སྟེང་ན།

päällä

འོག་ན།

alapuolella

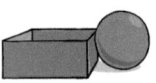

འགྲམ་དུ།

vieressä

བར་དུ།

välissä

ས་གནས།

paikka